斎藤一人

マンガでわかる

神様に愛される すごい話

高津りえ

スピリチュアル・カウンセラー

斎藤ひとり生成発展塾高津りえ校塾長

桜庭あさみ 作画

こんにちは スピリチュアル・カウンセラーの 高津りえです
私は生まれ育った 福島県いわき市で 数年間 カウンセラーをし
今は 東京都江戸川区にある 事務所を拠点に 活動しています
JRの新小岩駅から 歩いて10分くらい です！
スタッフのみほちゃんと ちえちゃんは いわき市にいた頃から ずっと一緒に働いてくれて いる大切な仲間です
冨岡美穂《とみおかみほ》
猪股千栄子《いのまたちえこ》
私は、24歳のとき 斎藤一人さんと 出会ったことが きっかけで
〝御心カウンセリング〟 を始めました

御心というのは…
御心＝神様がひとりひとりに与えてくれた使命（＝生きる指針）
人はそれぞれ“周りの調和をとる”“自分を輝かせて周りを照らす”など、違った使命を神様から与えられています
御心を知り使命を果たしながら生きると
むやみに悩んだり苦しんだりすることもなくなり生きやすくなります

御心カウンセリング

◆ 御心を知り、自分の使命に沿った生き方をすると、自分が磨かれる

⬇

◆ それまで抱えていた不安や悩みに振り回されなくなる

⬇

◆ 魂が向上し、幸せな人生が送れる!!

この本では、私の尊敬する斎藤一人さんに教わったことや一人さんの言葉を交えて
神様に愛されるヒントをマンガでわかりやすくまとめました
最後まで楽しんでくださいね！

目次

Epilogue

作画　桜庭あさみ
カバーデザイン　遠藤デザイン
本文デザイン・ＤＴＰ　ユニバーサル・パブリシング
校正　東京出版サービスセンター

登場人物紹介

高津《たかつ》りえ　Takatsu Rie

斎藤一人の弟子として活躍するスピリチュアル・カウンセラー。カウンセリング、講演会などで多くの人を救っている。御心カウンセラー、スピリチュアル・カウンセラーを養成。

斎藤一人《さいとうひとり》　Saito Hitori

『銀座まるかん』の創業者。全国高額納税者番付に 1993 年以来、12 年連続ランクイン。日本一稼いで、日本一納税している実業家。

りえと一緒に働くスタッフ

冨岡《とみおか》美穂《みほ》

猪股《いのまた》千栄子《ちえこ》

斎藤一人の弟子

みっちゃん先生

舛岡《ますおか》はなゑ

悩める人々

石川《いしかわ》ひとみ

海野《うみの》正幸《まさゆき》

平島英子《ひらじまえいこ》

牛嶋麻子《うしじまあさこ》

中根太郎《なかねたろう》

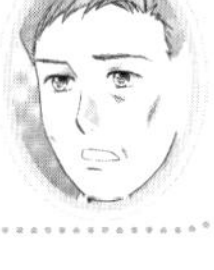

小沢巧《おざわたくみ》

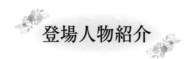

Prologue

悩みを
解決するには
どうすればいいですか？

高津りえ（当時24歳）
斎藤一人って聞いたことある
斎藤一人
成功法
日本一税金を払っている人…だっけ？
パラパラ
困ったことは起こらない
人はそのままで完璧
欲は間違っていない
与えない者は奪われる
これ私が感じていたことと同じ…！
その後、私は一人さんの著書を何度も何度もくり返し読み
知れば知るほどに一人さんの考えに共鳴しました

そして一人さんが創設した
化粧品・健康食品メーカー
「銀座まるかん」の商品を
販売する仕事を始め
この本
すごく面白くて
ためになるの
絶対
面白いから
読んでみて！
周囲の人たちに
一人さんの本を
勧めるように
なりました
ある日――
まるかんの集会に
参加すると…
わあ
人がたくさん
集まってる
ワイワイ
ガヤガヤ
あ、あれ…
真ん中にいるのって
もしかして…！
一人さん
彼女が…

やあ、君が高津りえちゃんだね！
斎藤一人
みっちゃん先生
はじめまして りえちゃん すごくがんばってるわね～
舛岡はなゑ
あなた「いわき市に一人さんの大ファンがいる」ってウワサになっているのよ
さ、斎藤一人さん!?
ゆ 夢!?
あなた方はお弟子さんのみっちゃん先生 はなゑ社長！
なんと憧れの一人さんが私に会いに来てくれたのです！
一人さんは「まるかん」の仲間としての私の働きを評価してくれお話をする時間を作ってくれました
一人さんって納税額が日本一なんですよね 税金をいちばん払っているということでしょう?
私もいつかそんなすごい人になれますか!?

なれるよ
即答!?
私はね
幸運を呼び込む
〝くさり〟を
もっているんだ
そのくさりを
りえちゃんのところまで
垂らしてあげるから
登っておいで
私は絶対に
離さないから
りえちゃんも
離しちゃダメだよ
はい!!
その後、私は「まるかん」
の仕事をしながら
一人さんの勧めで
お客さんの相談に
乗るようになりました
悪いことばかり
考えていたら
本当にそうなって
しまうんですよ
えっ
こんなに
人が…!?
それがなぜか好評で
私に相談するために
お店に来てくれる
お客さんが増え
行列までできる始末

私のカウンセリングでこんなにたくさんの人の役に立てるなんて…
そこで一大決心をしカウンセラーとして本格的に活動を始めたのです
そのきっかけも一人さんの言葉でした
数年後
たかつ
ウンセリング
ルーム
やぁ ここがりえちゃんの東京での拠点か いい感じだね!
一人さん!
私、いわき市でカウンセリングをしているうちに、もっと多くの人を助けたいと思ったんです
そのために人がたくさんいる東京に行こうって決めました
そうか いいと思うよ
ここなら一人さんの事務所も近いし
仕事のこと今まで以上にたくさん教えてもらうつもりです!!

大歓迎だよ！じゃあ今日はりえちゃんの東京進出のお祝いに
「神様に愛されるすごい話」をしてあげよう！

なんですかそれ!?

それはね「人間の歴史は始まったときからずっとだんだんよくなりつづけている」ということ！

ええ？どういうことですか？

「今の日本はダメだ」「昔はよかった」って言う人たくさんいますよ？

それに江戸時代のお殿様とか、昔の人で私よりいい暮らしをしていた人だっていっぱいいると思うわ！

でもお殿様は真夏にクーラーを使うことはできなかったよね？

テレビやゲーム、スナック菓子だってなかった
ポテトチップス
うすしお

そんな生活を〝いい〟って思うかい？
…思わないです
本当だわ
ほら、りえちゃんのほうがお殿様よりいい暮らしをしているじゃないか
テレビや新聞でいろいろな問題が騒がれているけどみんなが勝手に不安に思っているだけ
どんなときも神様が世界のバランスを整えてくれて今よりいい世の中になっていくはずだよ
だんだんよくなる…
そうそれを絶対に忘れないで
病気になったりひどいことを言われたり嫌なことは誰にでも起こる
それを乗り越えてさらによくなるもっと幸せになるのが本当の人の道というものなの

これを「生成発展」というんだよ
生成発展！
〝嫌な思いをするくらいなら何も起きないほうがいい〟っていう人もいるけど、そんな人生はありえないでしょ？
むやみに先のことを恐れてはダメ
人生は「生成発展」よりよくなるってことをいつも頭の中に入れておいて
はい！

Prologue
解説1

世の中も、個人の人生も、だんだんよくなっている！

みなさん、斎藤一人さんをご存じでしょうか。名前くらいは聞いたことがあるかもしれませんね。

一人さんは、化粧品・健康食品メーカーの「銀座まるかん」の創始者です。その事業所得だけで、１９９３年から12年連続で、全国高額納税者番付のトップ10に入り、２００３年には累計納税額で日本一になりました。番付が公開されなくなった現在も、同じようにお金を稼いで、税金を払っています。一人さんは日本一お金を稼いで、日本一税金を払っている人なのです。

一人さんはいつも、「人を喜ばせる」ことを第一に考えて行動しています。

「まるかん」の商品も、お客さんを幸せにしたくて考え出されたものばかりです。人を幸せにして、自分も幸せになる。一人さんの周りには笑顔と幸せがあふれています。そんな一人さんのお話には、仕事だけではなく、人間関係や恋愛、夢など、人生のさまざまな場面に役立つことがたくさん詰まっています。だから、一人さんのお話を聞きたい、という人が全国から一人さんのもとに集まり、直接会えない人のために、一人さんの話を詰め込んだ本もたくさん出版されてきました。

私と一人さんの出会いも、きっかけは一人さんが書いた一冊の本でした。本の内容は、私の常識をひっくり返すような言葉の連続！　ぐいぐい引き込まれて、あっという間に一人さんが大好きになりました。

私は小さい頃から、目に見えない不思議な存在がそばにいることを感じていました。困ったことがあってもすぐに解決したり、「こうだったらいいな」と思うとおりのことが起こったり、私はいつもその存在に助

けられてきました。

「それはきっと、りえちゃんを守ってくれる神様だよ」と教えてくれたのは、私の大好きなおばあちゃんです。

小さい頃に住んでいた家には、いろいろなところに「ありがとう」と書かれた紙が貼ってありました。「これはなあに?」と私が聞くと、おばあちゃんは「いろいろな場所にいる神様へ、感謝を伝えているのよ」と教えてくれました。

私の師匠の一人さんも、ふとしたときに浮かぶ知恵やイメージを「神様からのメッセージだ」と考えています。それが、私がもつ神様のイメージに似ていたことも、一人さんファンになった理由のひとつです。

使命を知ると、世界の見え方が変わる!

人はみな、この世に生まれる前に、「今世はどんなふうに生きようか」と人生プランをつくります。そして、神様がもっと幸せな人生になるようにと、一人ひとりに御心（生きる指針）と使命をくださいます。人に優しくすることであったり、自分を磨くことであったり、与えられる御心は一人ひとり違っています。**御心を知り、自分の使命を果たしながら生きていると、幸せにつながる道を歩くことができます。**

しかし、多くの人はその人生プランや使命を忘れてしまっています。御心を知らずに生きていると、どうしても壁にぶつかったり道に迷ったりしてしまいます。それが、みなさんが悩んだり苦しんだりする原因です。だから私は、みなさんに自分の御心を知ってもらおうと、御心カウンセリングを始めました。

たとえば、恋愛のことで相談に来てくれた女性がいるとします。彼女は、その恋が実らなければ人生のすべてがうまくいかない、と思っています。でも実際の彼女の使命は、恋愛とまったく関係ないものだったりするのですね。恋愛相談に来たお客さんに、「あなたは自分も相手も光で照らし、周りの調和を取ってあげてください」と答えることもあるわけです。

恋愛と直接関係がないことを教えてもらっても、悩みは解決しないのではないか、と思うかもしれません。しかし、御心を知ると、物事の見え方が大きく変わります。悩みを抱えているときの状態は、巨大迷路の中で迷っているのと同じです。一度迷い込んでしまうと、前と違う道を選んでいるつもりなのに、なぜか同じ場所で行き止まりにぶつかる……。

ですが、迷路の途中にある高台に上って周囲を見渡してみると、「なあんだ、あそこを曲がるだけじゃない」と、いとも簡単に正しい道が見つかります。

御心カウンセリングは、迷路の高台に上るお手伝いをすること。御心を知った人は悩みを解決できたり、とても大きく感じていた問題が、じつは乗り越えられるものであることに気づいたりできるのです。

悩みから解放され、ひとつ上のステージに上がった人は、それまでよりも幸せで豊かな人生を送ることができます。もちろん、そこで新しい悩みが生じることはあります。そのときは、自分の魂を向上させるチャンスだと思ってください。「魂が向上する」とは、さらに上のステージに上がることです。普段の行いをあらためたり、周りの人を笑顔にしたりして自分自身を磨けば、どんどん高いステージに上がることができます。

自分の使命を知り、使命を果たしながら生きていれば、自然と悩みも起こりづらくなります。そして、悩み以外のあらゆる物事までもが、いい方向へ動き出していくのです。

だんだんよくなる「生成発展」のしくみ

嫌なことが続いているように思っても、歴史も人生もだんだんよくなっています。中世ヨーロッパの貴族社会に憧れる人もいるかもしれませんが、当時は水洗トイレもなく、毎日お風呂にも入れませんでした。今の私たちがそんな場所で生活できるでしょうか？　パソコンやスマホがなかった頃の環境で、今と同じ量の仕事をこなせるでしょうか？　一見すると悪い時代に思えるときでも、人の歴史は常に右肩上がりなのです。

みなさんは先のことを、起きてもいない出来事をむやみに恐れないでください。恐れすぎなければ、お金が足りないと思っていても、これから必要なだけお金が入ってきたり、お金に困らない生活ができるようになったりします。それが生成発展のしくみだからです。この世に生まれたものはすべて、常に前進し、発展し続けていきます。そしてさらにいいものを生み、それが発展してもっといいものを生む……。これが

「だんだんよくなる循環」が生成発展なのです。

「きっとこれからもお金に困り続けるんだ」と思い込んでしまったら、その想像した悪い未来が現実になってしまいます。

どんどんよくなると信じて明るく行動すれば、必ず幸せな未来が訪れます。

Chapter 1

神様に愛されるってどういうこと？

先生
何か手伝い
ましょうか？
ありがとう
それじゃ、
サラダを
お願いできる？
はーい
今、私は
みほちゃんたち
お店のスタッフと
一緒に暮らしています
愛犬のココちゃんもいます♪
私、この間
友達の家に
遊びに行ったじゃ
ないですか
そうだった
わね
その子――
ひとみって言うん
だけど、外で
待ち合わせすると
毎回のように
遅れてくるの
ごめん
ごめん
家まで
行くなんて
仲よしだね！
う～ん
たしかに仲は
いいけど

エヘヘ
もう遅いよ〜
じつはその日も待ちたくなくて私からひとみの家に行くって言ったんです
読書とかで時間を潰すにも限界があるしイライラしながら待つよりはいい判断だと思うわ
そのひとみさんがどうかしたの？
はい それが…
今つき合っている彼氏にデートをドタキャンされたらしくて…
もーひどくない!?
前日に「楽しみだね」ってメッセージのやりとりもしているんだよ!?
石川ひとみ（26）
〝家族の用事〟とか〝急な仕事〟とか…
ごめん 急に残業が入ったんだ
最初はしかたないって思ったけど

さすがに3回連続だとただの言い訳に聞こえるよ!!
ドーン!
あー 3回連続は腹立つかも
でしょ!? しかもドタキャンだけじゃないの!
外で待ち合わせると絶対遅刻してくるし
出張が1日延びて帰る日がずれるって連絡が当日の真夜中にくるし!!
こっちはとっくにご飯作って待ってるっていうのに!
…大変ね

毎日ラブコールがほしいなんてぜいたくは言わないから
せめて大事な連絡くらい早めにしてよ〜
ん〜、その彼氏もひどいと思うけど…今ひとみが怒っていること
全部ひとみにも当てはまることだと思わない？
え…？
私と遊びに行くときいつも遅れてくるじゃない10分くらいならいいけど、1時間近く待たされたこともあるよ
彼氏との待ち合わせは守るのね…
うっ。。。
それは友達どうしなら気心が知れてるというか多少の失礼は許されるかなって

ちょっと前に会ったときは――
みほに誘われたから今日はご飯食べに行けなくなったから
実家でご飯食べる約束ドタキャンしてたでしょ？
だって、実家近いからいつでも帰れるし
口うるさい親との食事より飲み会の誘いのほうが魅力的なんだもん
ドキッ
その様子じゃあ「どうして大事な連絡をしないのか！」って誰かに怒られたこともあるんじゃない？
…じつは先週取引先に電話するのを忘れて叱られちゃって
あれほど忘れるなと言っただろう！
ほら、待ち合わせに遅れる、連絡を忘れる、ドタキャン…
ひとみの彼氏と同じ
…私にも悪い部分があるのはわかったけど…

遅　刻 ➡ 体調不良、事故などやむを得ない理由で間に合わない

ルーズ ➡ 準備でのんびりしすぎた、なんとなく家を出るのが億劫《おっくう》だったなど、大した理由もなく遅れる

そうすると恋愛や仕事で最高のタイミングを逃しちゃうことになるの
たとえばひとみが私と買い物に行く待ち合わせに遅れたとき――
あのお店ランチが人気でひとみと一緒に食べたかったのにもうランチタイム終わっちゃったよ
ごめんねほかの店を探そう
ランチ MENU
最高のタイミング…
ああもうこんな時間！美術館閉まっちゃうよ！
展示会今日までだったのに…
別の店を探して食事をしたせいで行きたい場所を回り切れなかったり
がっくり
ああ観たかったドラマ終わってる！
先週からずっと楽しみにしていたのに…
帰りが遅くなって好きなドラマを見逃したり

1日中タイミングが合わないことだらけになってしまう
ああ、身に覚えがある…
そのままにしていたら1日のずれが1カ月、1年、10年…ってどんどん大きなずれになっていっちゃうよ
ひとみが30歳までに結婚したい！って思っていてもなんだかんだで40歳まで結婚できなくなるってことも考えられるわけ
や、やめて！
そ、そんなの絶対にイヤ！
でしょ？彼氏のこともひとみの周囲に対する行いが彼氏を通して返ってきているだけ
…そのとおりだね

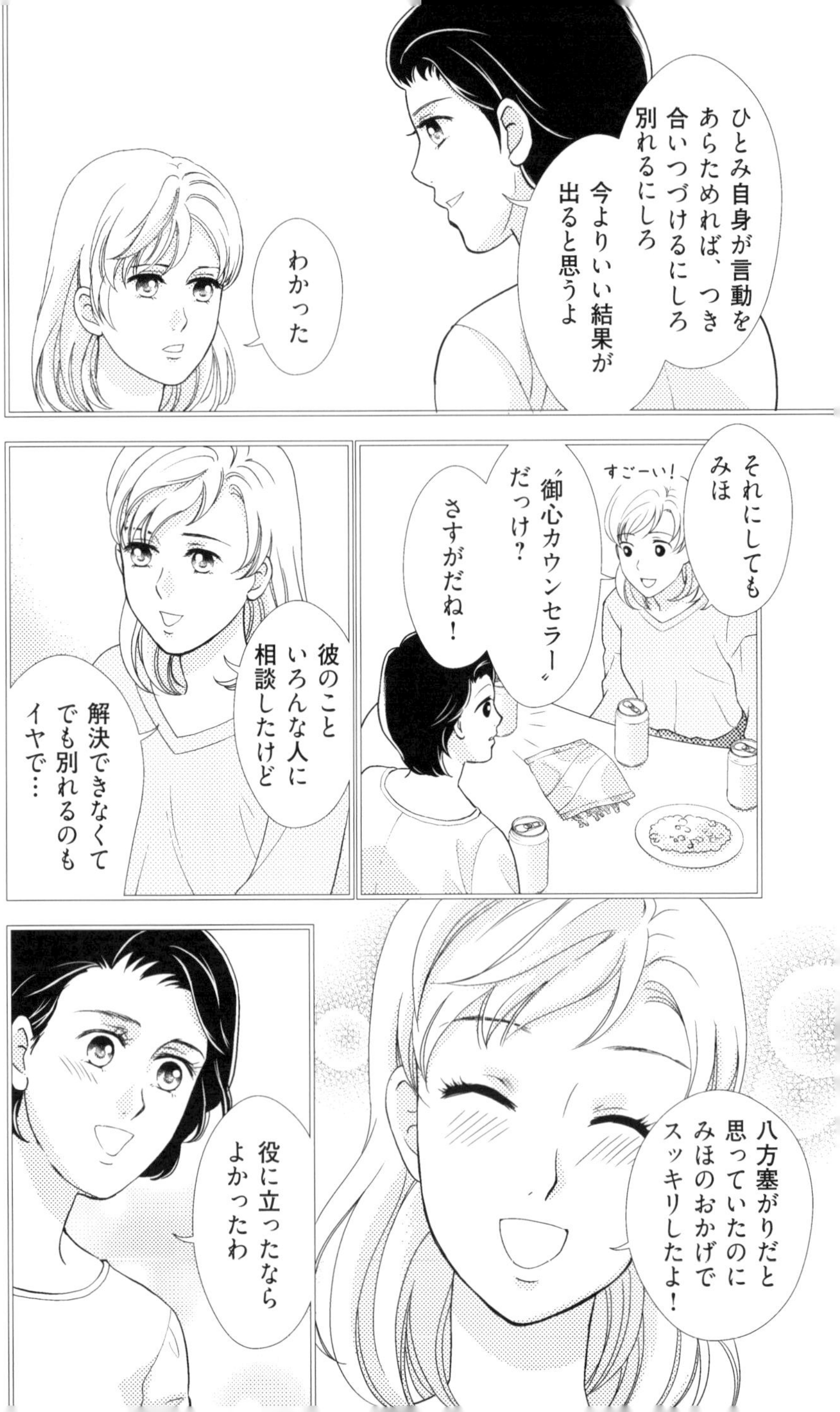
ひとみ自身が言動をあらためれば、つき合いつづけるにしろ別れるにしろ
今よりいい結果が出ると思うよ
わかった
それにしてもみほ
すごーい!
〝御心カウンセラー〟だっけ?
さすがだね!
彼のこといろんな人に相談したけど
解決できなくてでも別れるのもイヤで…
八方塞がりだと思っていたのにみほのおかげでスッキリしたよ!
役に立ったならよかったわ

私も カウンセラーに なったから
今度 カウンセリングを 受けてみて！
うん！ これなら 毎月でも 受けたいよ！
…というわけ なんです
なるほどね 時間にルーズな恋人への 対策より、恋人が時間に ルーズなのはなぜか
ということを ひとみさんに 教えてあげられたのは 素晴らしいわ
うん さすが みほさん！
それで？ ひとみさんは 今どんな感じなの？
結局、その恋人とは 私と会った数日後に 別れたそうです
もうお別れ しましょう

その後
待ち合わせにも
遅れなくなって
仕事でも連絡を
まめにしているって
○×興業の
石川ですが
そのおかげか
1件大きな契約が
取れたらしくて
特別ボーナスが
出たら
おごるね！
すごくうれしそうに
電話してきましたよ
さっそく
時間の神様を
味方につけたのね
その大きな
契約も――
いい企画だ
とは思うんだ
けどね…
具体的な情報が
ほしいな
商談の前に
読んだ雑誌に
特集があった！
それでしたら
具体的なご説明が
できます

商談の前に
たまたま読んだ
情報誌の記事が
役に立ったとかで
早めについたから
雑誌でも
読んでおこう
パラ
パラッ
最近
タイミングが
いい！
前と全然違う！
じゃあこの企画は
君の会社と契約
させてもらうよ
ありがとう
ございます！
商談の前に
雑誌読んでおいて
よかったー!!
…と感じる
ことが増えた
そうです
みほちゃんが
ひとみさんに
会いに行ったの
先月よね？
1カ月で人生を
180度好転
させるなんて
すごいじゃない
本当ですね

さらに最近ひとみの職場に出向してきた男性とイイ感じで
その書類の資料はこのロッカーの中にありますよ
ありがとう探していたんです
お礼に今度食事でもどうですか？
喜んで！
つき合うのも時間の問題なんだって
あの子、私に相談する必要なんてなかったんじゃないかと思うくらい輝いてますよ
それもみほちゃんがいてこそよ

ひとみさんの話を聞いてあげたり、時間の神様のことを教えてあげたりしたおかげで
ひとみさんは幸せを逃さずにすんだ
自分の行動を少し変えるだけで時間の神様はちゃんと幸せをもたらしてくれるの
みほちゃんがたくさんの人を幸せにしたのよ
りえ先生…
ありがとうございます！
よーし明日からもっとたくさんの人を幸せにしていこー！
みほさんそれ私の唐揚げ！

神様を味方にする秘訣はほんの少しの心がけ！

みなさんの周りに、約束の時間を守れない人はいませんか？　昔は家を出てしまったら、約束をした相手に連絡する手段がありませんでしたが、今はスマホで簡単に「ちょっと遅れる」と伝えられるようになりました。特に、幼い頃からそういう便利な環境に慣れている若い世代の人は、人を待たせる罪悪感も少なくなっているように思います。

マンガでみほちゃんが言っていたように、**やむを得ない「遅刻」と、ダラダラした結果の「ルーズ」は、まったくの別物です**。時間にルーズな人は、時間の神様に嫌われ、自分の大切なタイミングや大事な物事からずれてしまうのです。あと少しのところで物事に失敗したり、手に入るはずだった物、出会うはずだったご縁とすれ違ったりしてしまうかもしれません。出会いがないと思っ

遅刻

体調不良、事故などやむを得ない理由で
間に合わない

ルーズ

準備でのんびりしすぎた、なんとなく家を出るのが億劫だったなど、大した理由もなく遅れる

ている人、仕事で成功できない人は、友達や家族との約束を簡単に破っていないか、自分の行動を振り返ってみてください。

ルーズな友達をもっている人も、気をつけてください。たとえば、いつも30分遅れてくる人と待ち合わせをしたとします。あなたは待っている30分にイライラするのはもちろん、ひどいときは「ちゃんと時間どおりに来てくれるだろうか」と、待ち合わせをした瞬間からモヤモヤしてしまうこともあるでしょう。それでは待っている間、あなたも悪い時間の使い方をしてしまい、大切なチャンスを逃してしまうのです。

では、どうすればよい時間の使い方ができるのでしょうか。

答えは簡単です。「30分待たされる」とわかっているなら、待ち合わせを相手に30分早く伝えてしまえばいいのです。そして、待っている間に本を読んだり、喫茶店でコーヒーを味わったり、楽しくすごしてください。イライラしながら無駄な時間をすごすより、こうして寛容に相手を受け入れるほうが、お互いに幸せになれます。相手が約束どおりに来てくれたら、早く待ち合わせた分、次の予定に余裕をもてますよね。

けれども、そんな寛容なあなたに甘えて、**相手のルーズさがいつまでも直らないようなら、一度距離をおいてあげることも必要です。**「いつも約束を守ってくれないあなたとは、もう約束はできない」と伝えるのも相手のためです。そうでないと、その人はいつまでも時間の神様から見放されたまま、大切なタイミングを逃してしまい

ます。

メールなどの連絡も同じです。直接会ったり電話したりして伝えられれば、その場で返事をもらえますが、メールだとそうはいきません。具体的な回答はなくても、せめてメールを見たかどうかくらいは知りたいですよね。

うちのスタッフにも、メールを見ても「あとでいいや」とほったらかして、結局、返信するのを忘れてしまう人がいました。友達と会うときも、当日まで待ち合わせ時間を決めないような、ルーズな人です。彼女は、家を出る時間を決めずにダラダラ支度をするから、楽しいはずの休日が疲れた感じで終わっていたそう。私は「プライベートはあなたの自由だけど、仕事の連絡だけはちゃんとしてね。今のままでは、いつか大事なタイミングをずらされたり、嫌な出来事になって自分に返ってくるよ」と伝えたのですが、なかなかルーズな癖が直せずにいました。

その後、東日本大震災が起きて、私と同じ福島県出身の彼女はお母さんと連絡が取れなくなってしまいました。お母さんは海に近い街で働いていたので、すごく心配して、不安な日々をすごすことになったのです。幸い、震災の3日後にはちゃんと連絡が取れて、お母さんの無事がわかりましたが、人に嫌な思いをさせた時間の分だけ、不安な思いをすることになったのかもしれません。それからそのスタッフは、ルーズな行動が一切なくなりました。

彼女のように、つらい思いをしたあとで行動を改めれば間に合うこともあります。でも、それでは間に合わない場合もあるのです。

相手のためだけでなく、自分のためにも「メール見ました」「了解しました」と、ひと言でもいいので、きちんと返事をしてください。いつでも送れると思わず、連絡を受けたそのときに返信することを心がけてください。

「忙しくてメールを打てなかった」と言う人もいますが、それだって「明日は◇時まで連絡できません」などと、先に伝えておくことができます。そうすれば、相手も連絡する日を変えたり、その時間帯まで別のことをしたり、「いつ返事がくるだろうか」とやきもきせずにすみます。あなたの連絡ひとつで、相手がいい時間をすごせるようになるのです。

自分の時間は一日24時間、他人の時間も一日24時間です。みんな、同じ時間をやりくりして人と関わったり何かを成し遂げたりしています。相手の時間も自分の時間と同じくらい大事なものであること、「少しくらい遅れても大丈夫」という軽い気持ちが、誰かの貴重な時間を無駄にしていることに気がついてください。**いい時間の使い方ができるようになれば、最高にタイミングがいいこと、ツイていることばかりの毎日になるでしょう。**

開運の神様はきれい好き

日本では古来から「八百万《やおよろず》の神」という観念があるように、私たちの周りにはたくさんの神様がいます。**時間にルーズな人が時間の神様に嫌われてしまうように、お金の使い方が悪い人はお金の神様に嫌われます。**お金は人と同じで、自分のことを大事にしてくれる人、自分と一緒にいることを楽しい、うれしいと思ってくれる人のところに集まるのです。

あと、生活する場所や自分自身、身の回りをきれいにしていないと開運の神様に嫌われてしまいます。風水などでも、床が汚れているとうまくいかない、部屋が散らかっていると運気が下がるといいますよね。

人は誰でも、美しいものやきれいなものを見ると心が安らぎます。逆に汚いものを見ると「そばにいても平気かな。早く離れたいな」と不安な気持ちが襲います。身なりがきれいな人を見て「この人の将来が不安だ……」とは思わないものです。

開運の神様も、きれいなものが大好き。**きれいな環境ですごすようにすれば、運気がどんどん上がります。**

だからといって、急に身の回りのすべてをきれいにしようとするのは大変です。神様は、完璧な人だけを愛するわけではないですから、「すべてを徹底的にきれいにしなくては！」と気負わなくて大丈夫です。少しずつきれいにして、少しずつ神様に好かれていってください。

私は講演会やカウンセリングでも、よくお掃除の話をします。

汚い部屋に住んでいる人に「どんな部屋が好き？」と聞くと、絶対に「きれいな部屋」と答えるんです。それなのに、汚い部屋に住み続けているのは、きれいな部屋は自分に似合わないと思っているから。でも、汚いものや不幸が似合う人など、絶対にいません。ですから「きれいな部屋に住んで

開運の神様に愛されるには

◆ **会社のデスク周りや自宅を片づけてみる**

全部をきれいにしようと思わず、書類を整理したり、部屋の一カ所を片づけるだけでＯＫ！

◆ **自分の身だしなみをチェックしてみる**

メイクの仕方を変えたり、パリッとのりがきいてしわがないシャツを着たりすれば、気分も上がります。

◆ **持ち物をきれいにしてみる**

物を大事にして、何年も使い続けるのはいいことですが、傷がついたりよれたりした道具は、思いきって新しい物に買い替えてみましょう。

いいよ、幸せになっていいよ」と、自分に声をかけてあげてください。そうすると、「ちょっと片づけようかな」と思える日がきます。

会社でも自宅でも、一カ所をきれいに片づけていい気分になれたら、別の場所も片づけようかなという気持ちがわいてきます。探し物をしたり、忙しい日が続いたりして散らかしてしまっても、「ああ、また散らかしちゃったよ」と自分にうんざりするのではなく、そんな自分を許してあげる。そうすれば、時間があるときに、自然と片づけようと思えるはずです。

部屋を掃除することもですが、おしゃれしたり、女性ならきれいにメイクしたり、自分自身を美しく見せることも大切です。

おしゃれをすると鏡を見たり外に出かけたりすることが楽しくなりますよね。誰かに褒めてもら

八方塞がりだと
思っていたのに
みほのおかげで
スッキリしたよ！

えれば、思わず笑顔になるでしょう。**美しくあるだけで、人は幸せになれるのです。**最初は「今日はこの棚の中を片づけよう」「今日はカバンの中を整理しよう」「メイクの仕方をちょっと変えてみよう」と、毎日、どこかをピンポイントできれいにするのもいいと思います。そうやって少しずつ、開運の神様に愛される自分を手に入れてくださいね。

小さな幸せを見つけて、大きな幸せに育てていく

神様が与えてくれる幸せは、おいしいものを食べたときや、ありがとうと言われたときに感じるような、小さなものばかりです。その幸せを、**自分で育てて大きくしていくのです。**

神様は白馬に乗った王子様をあなたの目の前によこしてはくれません。道端でぶつかって「あっ、ごめんなさい！」なんて会話から始まるような、小さな

出会いを与えてくれます。神様はみなさんにそういう小さな幸せを大切に、育てていってほしいと思っています。最初から大きな幸せをもらおうと待っている人は、小さな幸せを見逃してしまいます。「あれは違う、これじゃない」と言って、結局、何も手に入れられなかったり、うまくいかなかったりします。

そんなふうに選別していると、もし大きな幸せが自分のもとに来たとしても、それはすぐに消えてしまうでしょう。お店に飾ってあるきれいな花も魅力的ではありますが、自分で種や苗から育てた花も、愛着がわいて大切に思いますよね。小さな幸せを丁寧に育てていくと、その過程で感動も感じられるし、育ったあとの大きな幸せを実感できるのです。

本当の幸せを手に入れる秘訣

よく「りえ先生は幸せなんですよね。嫌なことなんて起きないんでしょう?」

発想の転換で幸せを見つけよう！

×　「嫌だな、どうしよう」

↓

○　「よくするために、どうしよう」

と言われます。確かに、私は自分がとても幸せだと思っています。でも、嫌なこともみなさんと同じくらいたくさん起きます。ひどいことを言われたり、失敗したり、病気になったり……、嫌なことがひとつも起きない人生を送っている人なんて、この世にひとりもいません。

本当の幸せとは、嫌なことが起きないことではありません。**どんなことが起きても、それを難なく乗り越えていけること、いいことに変えられることが幸せなのです。**「嫌なことばっかり起きるんです」と言っているうちは、いいことが起きないのです。

嫌なことがあったとき、「やだやだ、思い出したくない、考えたくない」と思うかもしれませんが、そこで立ち止まってしまわないでください。なぜ嫌なこと

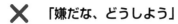

が起きたのか、きちんと考えなければ解決できないまま、嫌な思いをしたままになってしまいます。

「どうしてこんなことになったのかわからない」ではなく、なぜそうなったのかを真剣に考えれば、対処法が必ず浮かんでくるものです。

「考えたけど、解決できない！」と言う人もいるかもしれませんが、「どうしよう」と考えているつもりになってはいませんか？「嫌だな、どうしよう」とマイナスに考えていくのではなく、**「よくするためには、どうしたらいいのだろう」と前向きに、プラスに考えれば、絶対に解決できます。**

もし、心が不安でいっぱいになっているときは、自分以外の誰かを頼って、前向きな考えを出してもらうのもいいでしょう。自分で考えて解決しなくてはいけない、と思いつめないでください。

疲れたときも、誰かを信じられなくなったときも、笑顔で前を向いて歩いてください。上を見るのがつらいときも、前だけはちゃんと見て、笑っていてください。そうすれば必ず幸せを見つけられます。

Chapter 2

運がいい人とそうでない人の違いはなんですか？

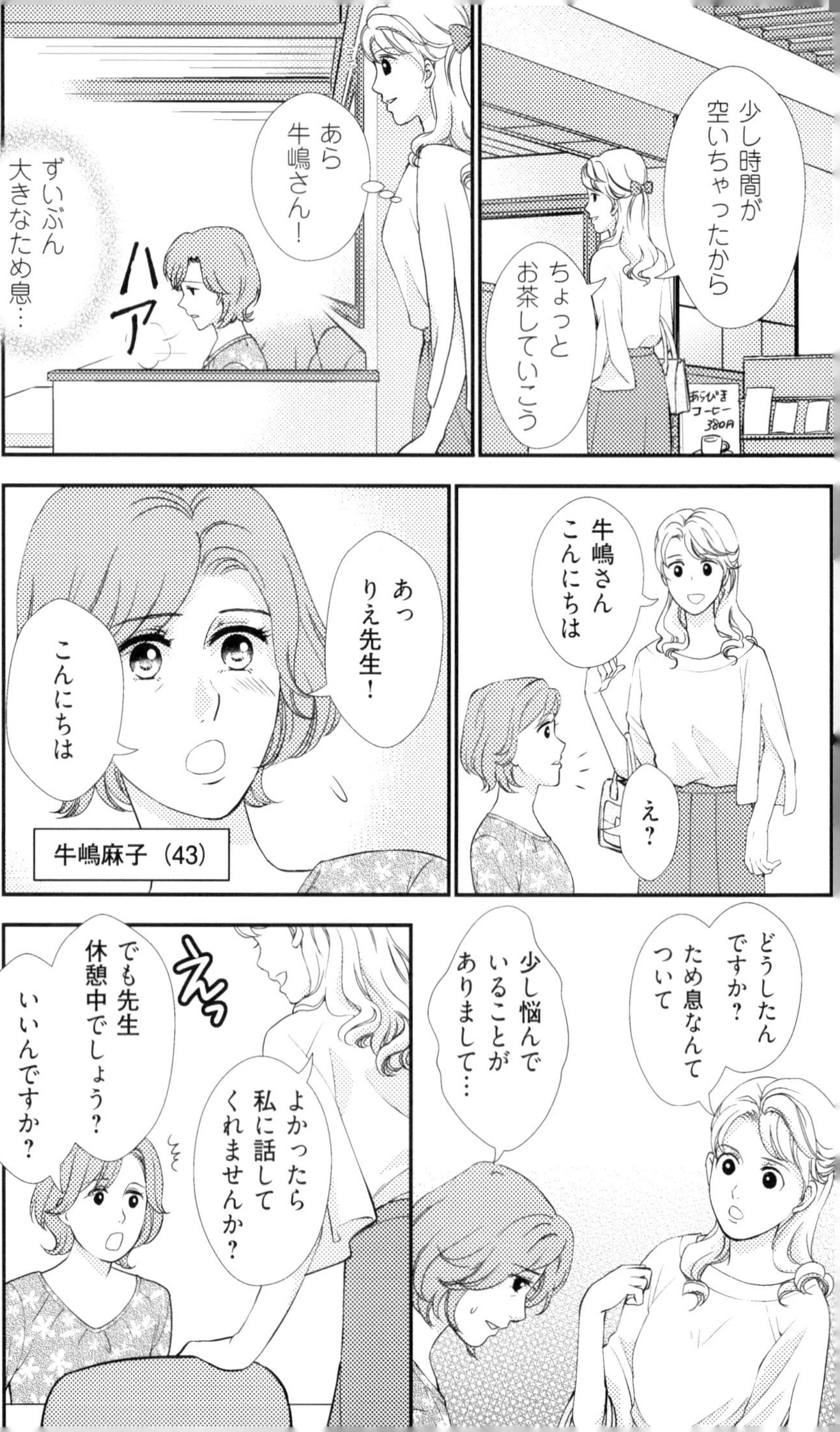
少し時間が空いちゃったから
ちょっとお茶していこう
あらびきコーヒー 380円
あら牛嶋さん！
ハア
ずいぶん大きなため息…
牛嶋さんこんにちは
え？
あっりえ先生！
こんにちは
牛嶋麻子（43）
どうしたんですか？ため息なんてついて
少し悩んでいることがありまして…
よかったら私に話してくれませんか？
えっ
でも先生休憩中でしょう？
いいんですか？

もちろん
じつはどうしてもやめられない趣味があって…
趣味？
……パチンコです
私は建設会社の事務員をしていて
そんなに忙しい会社じゃないから
お疲れ様でした
定時の18時で上がれることが多いんですけど…
ジャラ
ジャラ
毎日のようにパチンコ屋へ行って20時すぎまで打って…
ガチャ
ただいま…
家に帰るのはいつも21時くらいになってしまうんです
休日は1日中入り浸ることもあります
息子はまだ高校生だし、なんとかしてやめないとって思うんですけど…

きっぱり
牛嶋さん それ絶対にやめられません
断言します
ええ!? そんな!
で、でも私だって決死の覚悟でがんばれば…!
そうですね
一時はやめられるかもしれません
3日か1週間くらいが限界だと思いますけど
……
先生、私の頭の中をのぞいているみたい
じつは今まで何度もやめようとしたんです
今度こそやめなきゃ!
やっぱりやりたい!
でも数日後にはまた行ってしまって…
私、やっぱりギャンブルに依存するダメな人間なんでしょうか…

いえ 牛嶋さん自身がダメなんじゃありません 「パチンコに行く」という行為ではなく「なぜパチンコに行くのか」という
根本的な原因を取り除かなければ意味がないということです
パチンコに行く原因ですか…
牛嶋さんの旦那さんは大企業にお勤めなんですよね 夜、お帰りは早いんですか？
…いいえ 22時に帰ってくれば早いほうです
じゃあ夕食はみんなバラバラに取るんですか？
はい…
息子も部活帰りに友達と食べてきたりするし
もう夕飯は友達と食べてきたから
夫の帰りは不規則で夕飯を食べない日もあるんです

せっかく作っても食べてもらえないのが嫌で
残っても明日食べればいいわ
最近は出来合いのお惣菜を買ってばかりです
じゃあこうしましょう
旦那さんが帰ってきたときに「おつかれさまいつも家族のためにありがとう」って言ってあげてください！
へ？なんで急に…
そんなこと言えません！
無理無理!!
どうしてですか？
毎日ご家族のために一生懸命働いてくれていると思いますよ
それはわかっています！
でも、だからこそ言えません！

夫が朝からまで がんばっているのに 私は食事の用意も しないで パチンコ通い
ギュウ
共働きとは いっても 私は誰にも 評価されない 地味な仕事ばかりの 事務員で
夫とは大違い…
そんな私が夫に「おつかれ」なんて 言っても 呆れられるだけです
それよ！ それ！
今の牛嶋さんの 言葉こそ「パチンコに 行く原因」です
旦那さんが お仕事を がんばっている分 牛嶋さんは 気持ちを込めて ご飯を作るのに
え…？
旦那さんにも 息子さんにも 食べてもらえない だから妻や母親 として自分を認めて もらえないと感じて いるんじゃ ありませんか？

そのうえ お仕事でも 評価されないから
家にも会社にも 居場所がないと 思っている
だから居場所と ストレス発散の 場を求めて パチンコに 行ってしまう んですよ
あ… 私…
いちばん 牛嶋さんを認めて いないのは 牛嶋さん自身です
誰も自分を 認めてくれない という劣等感が 自分は評価すべきもの がないダメな人間だって 自己否定になって いるんです
…そうなん でしょうか
でも、それがどうして 夫に感謝を伝える ことにつながるん ですか？
人はね 自分がしたことが めぐりめぐって 必ず自分に 返ってくるんです

誰かを助ければ いつか自分も 助けてもらえる
誰かに笑いかければ 誰かが自分に 笑いかけてくれる
自分を認めて ほしいのなら
牛嶋さんが 誰かを認めて あげればいいんです
〝おつかれさま〟や 〝ありがとう〟の言葉で
「私はあなたが 一生懸命働いてくれて いるのを知っていますよ」
と旦那さんに伝えて あげてください
……
あら、もう こんな時間！
私、予定が あるので 行きますね！
あっ
はい
ありがとう ございました
いいですか 旦那さんに 〝おつかれさま〟 ですよ！
直接言うのが 恥ずかしかったら メモでも いいですから♪

数週間後――
こんにちは
キレイですね
あれ？
牛嶋さん
いつもと雰囲気が
違いますね！
ありがとう
ございます
この間、お話を
聞いていただいた
あと――
ガチャ
りえ先生に
言われたこと
どうやって
実行すれば
いいのかしら…
ねえ
健太
じつは
知り合いにね
「お父さんに
〝おつかれさま〟って
言ってあげなさい」
って言われてね…
一緒に
言わない？
なんだよ
急に…
面と向かって
なんてやだよ
照れるし…

そうよね
やっぱりメモに
しようかな
あっ
そうだ
ちょっと
待ってて
これ…
フセン？
クラスの女子に
もらったんだけど
俺は使わないから
捨てちゃおうと
思ってたんだ
親父、帰って
くると必ずビール
飲むだろ？
だから…
ただいま…
ガチャ
仕事おつかれさま ママ
いつもありがとう 健太

それから夫も息子も帰りの時間や夕飯がいるかどうかを連絡してくれるようになって
今日は22時には帰れると思うよ
部活終わったらすぐに帰るから夕飯準備しといて
ジューッ
私もちゃんと料理もするようになりました
それに会社でも
牛嶋さんは電話の対応や書類の作り方がうまいからとても助かるよ
…と褒められたんです
そう！それはよかったわ！
今は会社に行くのも家に帰るのも楽しみで

パチンコも行かなくなりました！
まだやめて2週間くらいですけど
もう行かないだろうって確信があります
私もそう思うわ
だって牛嶋さんこの前と表情が全然違うもの！
ありがとうございます
今日はこのあと久しぶりに夫が食事に連れて行ってくれるんです
誰かへの言動が自分に返ってくるって本当なんですね!!
これからも感謝の言葉を言い続けます

Chapter 2
解説 3

自分の運勢を決めるのは自分自身！

「私がんばってますよね？」と周囲の人々に聞いて回る人は、相手が「がんばってますよ」と答えても満足できずに、また別の人に「私がんばってますよね？」って聞きにいきます。

それは、自分で自分のがんばりを認めてあげられていないからです。「自分自身に認めてもらいたい」という心の欲求を他人の評価で埋めようとしても、埋まるものではありません。

それに、「がんばってますよね？」と聞いて回るのは、心のどこかで「まだがんばれていないのかも」と思っている証拠です。

誰かに認めてもらおうとする前に、自分で自分を認めたり、先に誰かを認めてあげたりしてください。自分の行いは、いつか自分に返ってきます。自分で自分や他人の努力を認めれば、それに見合う結果になって返ってきます。

「あの人ばっかかり」と他人をうらやむ癖がある人は、「あの人も本当は、裏で努力しているんだろう。うまくいかないこともあったのかもしれない」と考えてください。何もせずに高い評価を得る人はいない、ということを知っていれば、自分も今の努力を褒めてあげようと思えるのではないでしょうか。

共働きとはいっても
私は誰にも評価されない地味な仕事ばかりの事務員で
夫とは大違い…

運がいい人は、運がよくなる習慣をもっている

以前、初めて東京に来たというお客さんが、移動に思ったより時間がかかっ

て、予約の時間に間に合わないとお店に連絡をしてきたことがあります。

いつもなら予約時間に間に合わない人はカウンセリングをしてあげられません。でも、その日は遅い時間に予約していた人がたまたま早く来てくれたので、特別に予約の順番を入れ替えて対応することにしました。

そのお客さんは到着するまでに「あと何分」と、何度も連絡をくれました。スタッフと待っている間、お店に来ていたお客さんたちには「きっとこれから来る人は、日頃からニコニコして、いい行いをしているんだよ。だから会ったこともないのに、待っててあげたいと思えるんだろうね」と話していました。その人が普段はブスッとしていたり、嫌なことばかり言ったりするような人なら、きっと待ちたくても待てない状況に物事が進んでいたはずだからです。

結局、予定より1時間ほど遅れてやってきたその人は、「すみません。ごめんなさい」ではなく、「みなさん、ありがとうございます！」と、ニコニコしながらお店に入ってきました。あんまり予想どおりの方だったので、お店にいたみんなで「やっぱりね」と笑ってしまいました。

運がいい人というのは、普段から笑顔でいたり、いい言葉づかいで話したり、運がよくなる行動が癖になっているのです。

起きたことは、「起きたとおりの大きさ」で受け止めて

運が悪い人は、起きたことを、起きた以上のこととして考えてしまいがちです。プラスの出来事をもっとプラスに考えることができれば、より幸せになることもできますが、**マイナスの出来事を、よりマイナスに考える人にいいことは起きません。**

たとえば、お給料が1万円減ったとします。言葉どおり「1万円減った」と考えれば、「副業で補おう」「少し節約しよう」と、現実的に対処することができます。けれど、まるでリストラされたかのように大げさに考えて、「もう旅行に行けない」「老後が心配」などと、どんどん悪い方向に想像を広げる人が

将来が不安だと思うときは……

◆ 何が不安なのか、本気で考える

「老後のお金が足りない気がする」「地震や津波などの災害に巻き込まれたらどうしよう」など、不安のもとになっている心配事を分析してみましょう。

↓

◆ 解決法が見つかる！

「老後のために今から毎月〇万円を貯金しよう」「災害は止められないけれど、非常食を用意したり避難場所を確認しておこう」と、不安をなくすためにどうすればいいかが明確になります。

います。大げさに考えると、正しい対処法も見失ってしまいます。小さな猫に怯えてライオンに対する装備で挑むのは、どう考えても無駄でしょう？

現実に起きてしまったことは、どんなに悪いことでも受け入れるしかありません。受け入れたうえで、そのあとどうするかを考えるべきなのです。

悪いことが起きたときに焦ってしまうのは、受け入れる準備が足りていないからです。仕事でも、「こうなったときはこうする」「これがダメだったら次はこっち」とリスクマネジメントをすると思います。人生でも同じです。テストでいい点がとれないと焦る前にちゃんと勉強しておくとか、何か問題が起きてから慌てるのではなく、最初から問題が起きないように気を配って行動するなど、何事も準備が肝心なのです。

「将来のことを考えると不安で……」と言う人も多いですが、私からのアドバイスはひとつ。「本気でちゃんと考える」です。

将来が不安だと言う人は、たいてい「将来」というものを漠然としかとらえていません。本気で考えれば、お金のことなのか、人間関係のことなのか、何を不安に思っているのかが明確になってきます。そうすれば、今、何をしたら将来安心できるのかがわかります。あとは行動するのみです。

他人の嫌な波動につられず、いつもいい波動をもっていよう

以前、電車に乗ったとき、とても大きな声で文句を言っている女性に会った

ことがあります。結構混んでいる時間帯だったのですが、当然、その女性の周りは空いているんですね。私は、一緒にいたみほちゃんと「あれが満員電車を空かせる必殺技だよ」と冗談まじりに言い合って笑っていましたが、ほかの乗客はみんな嫌な顔で女性を見ていました。

その女性は、電車の吊り広告や外に見えるお店など、目に映るさまざまなものに文句を言うのですが、その途中で、旦那さんやお子さんの文句も出てきました。それが聞こえたとき、私はつい、「あんなに文句ばかり言う人なのに、結婚も出産もしているんだ！　とてもいいパートナーと巡り会えたんだな〜」と思ってしまいました。それで、「いい旦那さんと出会えて、おめでとう。子どもも一生懸命育てて、がんばっているんだね」と、心のなかで女性に語りかけたのです。

すると、女性は「なんだか嫌な波動を感じる。居心地が悪いから降りる！」と言って、次の駅で電車を降りていきました。今まで周りの人に白い目で見られていても、全然気にしていなかったのに……。

嫌な波動をもっている人にとっては、いい波動こそが不快なのです。だから、周りが「嫌だな、うるさいな」と嫌な波動を送ったところで、嫌な波動と相性がいい状態になっているその人には意味がありません。逆に、私が送った「おめでとう、がんばったね」という、いい波動を不快に思うのです。

波動とは、「気」や「オーラ」と呼ばれるものと似ています。心の状態や考え方、言葉づかい、行動などによって形づくられます。いつも笑顔でいたり楽しくなる話をしたりすれば、自分の波動もよくなります。反対に、愚痴や文句を言ったり、他人を陥れようとすれば、悪い波動になってしまいます。

嫌な波動には嫌なものが集まります。**他人につられて、自分の運気まで下げてしまわないでくださいね。**

一人さんはよく「上機嫌でいよう」と言います。自分で自分の機嫌をとるためにも、他人の嫌な波動に乗らないことは大切です。周りがどんなに嫌な波動を送ってきても、自分の波動をいいものに保っていれば、絶対にいいことが起こるのです。
嫌な思いを抱いてしまいそうになったら、「その人が文句ばかり言うようになった理由」に目を向けてみてください。波動が悪くなってしまった原因があるのだということを理解できれば、愛をもって接してあげることができます。

どんなことでもいい面と悪い面があります。みんなが悪いと判断しても、自分だけはいい面を見つけようという気持ちを大切にしてください。

うちのスタッフは、自分の機嫌をとる天才ばかりです。怒られたり、仕事で失敗したりして落ち込んでも、ほんの数分で立て直して笑顔を見せてくれます。怒られたことはきちんと反省して次に生かしてくれるし、いつまでもクヨクヨして波動を悪いものに変えてしまうこともない。素敵な心がけの、私の自慢のスタッフです。

嫌なことのお返しは、小さく分割して受け取ろう

因果応報という言葉もありますが、過去に、人に嫌なことをしてしまった人は、いつかその嫌なことが自分に返ってくると私は思っています。ですが、気づいたときに反省をして、いいことをしていこうと決めれば大丈夫です。嫌なことが返ってこなくなるわけではありませんが、気づかないくらい小さく小さくなって返ってくるのです。

私は、何もない道でちょっとつまずいたり、よく使うボールペンが見つからなかったりしたとき、「嫌なことが分散して返ってきたんだな。このくらいですませてくれてありがとう」と思うようにしています。

嫌なことをしてきたからといって、不運な未来を受け入れる必要はないのです。これからいい行いを重ねていって、嫌なことを分割で返してもらえるようにしてください。

人のことが気になるときもあります。「あの人、嫌なことばかり言っているな」「いつも怒っているような顔をしているな」などと感じるときは、あなたの魂が成長した証拠です。自分のステージがその人たちと変わったから、人の嫌なところに気づくようになったのです。そんなときは、成長した自分を褒めてあげてください。そして、まだ未熟な状態の人たちを嫌だと思うのではなく、許してあげてください。

自分に嫌な思いをさせる人は、誰かに嫌な思いをさせてきた昔の自分の姿を映し出しています。ですから、その人を許すことは、昔の未熟な自分を許すことにもつながります。

私も仕事をしていると、昔の自分のような人にたくさん出会います。私もこんなふうに小さなことで悩んでいたな、と思ったりします。昔の自分には導いてくれる人がいたから、今の幸せな自分がいるのです。そう思えば、今度は自分が幸せに導いてあげたいと、相手を愛しく思うことができるのではないでしょうか。

Chapter 3

言葉遣いからも「幸運」はやってくる

たかつ
ウンセリング
ルーム
海野さんは今勤めている会社を辞め、輸入雑貨ビジネスを始めようと考えていて
行き詰まったりすると私のところに相談をしに来てくれます
この前実家に帰ったときおふくろに猛反対されたんです
海野正幸（34）
俺、会社を辞めて輸入雑貨ビジネスを始めたいんだ
おまえには無理だよ！うまくいくわけないじゃないか！
結婚してからずっと専業主婦でビジネスのことなんて何もわからないくせに…
きっと海野さんのことを心配なさっているんですよ
まさか！おふくろは昔から何に対しても文句を言わなきゃ気がすまない人なんですよ

レストランへ食事に行けば必ず味つけにケチをつけるし
なんだい このスープ塩っ辛いよ 肉なんてこんな薄くてさ
流行の服や音楽を勧めると
これ、流行の服だって、どう？
流行りものなんてくだらない
だから おふくろのこと嫌いなんです
起業のこともどうせ文句を言われるってわかっていたので
反対を押し切ってやるつもりでした
でも…
何か問題でも？
先週友人にも反対されたんです
輸入雑貨のビジネスなんてライバルが多すぎて成功できないぞ
それで少し不安になってしまって

お母様の反対は押し切れるのにそのお友達の反対は無視できないと？
あいつ…林はバリバリのサラリーマンですから専業主婦のおふくろの意見とは違いますよ
林さん？
林って友人がいるんですが知ったかぶりで、適当なことばかり言うから信用できないんですよ
前回のカウンセリングでご友人の林さんは信用できないって言っていませんでした？
え
あ…たしかにそんなことも言いましたね
そうか、あいつの言葉は信じないほうがいいのか
いえ、そうは言いませんけど…
もっとほかの人の意見を聞いてみては？
ほら、前に一緒に講演会へ来てくださった男性とか
山田ですか？あいつはダメですよ、他人の意見に流されやすいヤツだし
う〜ん…
あのね海野さん
私には海野さん自身が海野さんの嫌いなお母様そっくりに見えますよ

今日も、お母様やお友達の文句ばかり言っているのお気づきですか？
え…？
地獄言葉
使えば使うほど運気が下がる…
◆恐れている
◆許せない
◆ついていない
◆不平不満
◆愚痴
◆泣き言
◆悪口
◆文句
◆心配事 など
天国言葉
使えば使うほどぐんぐんいいことが起こる！
◆愛しています
◆感謝しています
◆ありがとう
◆許します
◆ついている
◆うれしい
◆楽しい
◆幸せ など
言葉には〝天国言葉〟と〝地獄言葉〟の2種類があるんです
地獄言葉は使えば使うほど運気が下がってしまうんです 反対に、天国言葉を使うとぐんぐんいいことばかりが起こります
海野さんはきっとお母様の言葉遣いから悪い影響を受けて
自分もいつしか地獄言葉を使うようになってしまったんですね

環境を変えないかぎり、いいことなんて起こりません
それじゃあ…
おふくろの影響だっていうなら…おふくろが文句を言っているかぎり
俺は幸せになれないいんですか!?
いいえそんなことないですよ
海野さん自身が地獄言葉をやめて天国言葉を使うようにすればいいだけです
そうすればお母様にいい影響を与えてあげられお母様も文句を言わなくなってくるはずです
ええっそれだけで幸せになれるんですか？
はい！言葉遣いを変えれば海野さんを幸せにする環境が整っていきます
起業もちゃんと成功するように必要なものや人材が集まってくると思いますよ

数日後――
どうしたの ふたりとも? 何かあった?
それが…
今日届いたお手紙にこれが混じっていたんです
破門になった
ひどい
170万の水晶
なにこれ…
りえ先生に見せずに捨てちゃおうかとも思ったんですけど…
私だけじゃなくて一人さんやみほちゃんたちのことまで…
先生! こんな適当なうわさ話信じちゃダメですよ!
先生が素晴らしい人だってこと私もちえちゃんもほかの御心カウンセラーもみんな知っています!!

ちえちゃん… みほちゃんも気を使ってくれてありがとう
もちろん私はこんな手紙は気にしないわ
にこっ
他人の地獄言葉に振り回されたりしない
ホッ
じゃあ私は先に帰るわね
おつかれさま
ふたりにはああ言ったけどショックなものはショックよね…
みほちゃんたちのことまで知っているということは
カウンセリングに来たことがある人が書いたのかも…
お りえちゃん!
…どうしたんだい?
泣きそうな顔をしてるじゃないか
う〜 一人さあん!

今までも嫌なことが書かれた手紙はたまにあったけど
びんせんが真っ黒になるほどびっしり書いてあったのは初めてだし
私や一人さんが知っている人かもと思うとショックでなんだか悔しくて…
なるほどねりえちゃんそういうときはね…
そういうときは？
相手のことを許してあげなさい
そしてりえちゃんは笑ってな
え…
〝辛かったね〟とか慰めてくれないんだ…
「笑って許せ」って相手は悪くないってこと？
私はこんなに傷ついたのに…
ハハ
納得できないって顔だね

でも、納得できなくてもいいから許してあげるんだ
前にも教えただろう？
「許す」ということはとても難しい人間の最大の修行なんだ
誰かを1%でも許せたら、それはすごいことなんだよ
はい…
俺の考えについてこれないと思うなら立ち止まってもいい
そこで泣いていてもいいよ
でも、私は進みつづけるからね
私の背中が見えなくなるまで立ち止まったままでいちゃダメだよ
あれ、初めて会ったときも似たようなこと言われたな

このまま立ち止まっていたらきっと一人さんの〝くさり〟も手離すことになる…
大丈夫、今までだって一人さんは私を正しく導いてくれた
一人さんを信じよう！
一人さん待ってください
ある日
先生！ 私のオーラ…波動って悪いものになっていますか!?
急にどうしたの？いつもどおりのとてもいい波動よ
よかった～最近、迷惑メールがよく来るんです
いい波動をもっている人のところにはいいものが悪い波動の人のところには悪いものが集まるって
先生言っていたじゃないですか
だから、私の波動が悪いせいで嫌なメールが来るのかなって

そうだわ この間の手紙も 同じ…
私が落ち込んでも 相手が喜ぶだけだし
悪い波動が もっと嫌なものを 呼び込んでしまう…
一人さんが 言っていたのは いい波動を出して 悪いものを はね返せって ことなんだ
笑ってな
そうね 迷惑メールにも 嫌な手紙にも 惑わされないくらい 明るい雰囲気を 作ればいいのよ！
は はい！
すごい気合い…
中傷の言葉なんかに 負けない魂をもとうって あらためて思えたのは この手紙のおかげ
きっとこの手紙は 私が強い心を もつための 試練だったのよ
〝大切なことに 気づかせてくれて ありがとう〟って感謝するわ

りえ先生
海野さんから
お手紙届いて
いますよ
海野さんの
新しいお仕事
順調みたい！
地獄言葉をやめたら
理想どおりの取引先や
クライアントに
出会えたんですって
海野さんの
お店のカードも
入ってるわ
Import
Zakka
Shop
umino
あっ
それ知ってる！
このネットショップ
今若い人たちの間で
話題になっている
んですよ！
それから
嫌な内容の手紙は
こなくなり
変なうわさ話にも
落ち着いて対応
できるように
なりました
へえ…
これカワイイ！
自分がいい波動を
もち続けていれば
嫌な出来事に
振り回されず
幸せでい続けることが
できるのですね

Chapter 3
解説 4

誰でも使える！悪運をはね返す魔法の言葉

運がいい人と悪い人の違いはなんでしょう？

運がいい人は、運がよくなることばかり言っています。たとえば、数十人が集まるような会場で「何か言いたいことがありますか？」と聞くと、運がいい人は「この間こんなことがあって、とてもうれしかったんです！」と、場が盛り上がることを話してくれます。

しかし、運が悪い人は「こういうことがあって困っているんです」と、場が暗くなる話をするのです。第2章でもお話ししましたが、会場にいる50人の気持ちを盛り下げたら、50人分の嫌なことがその人に集まってしまいますよね。

こういうときは、今、自分が困った状況にあるのだとしても、最近楽しかったこと、うれしかったことを思い浮かべましょう。**50人を盛り上げられたら、**

それだけいい運が巡ってくるようになりますよ。

使う言葉を変えるだけで、運気も180度変わる！

「天国言葉」「地獄言葉」について、マンガで紹介した言葉は、ほんの一例です。相手をいい気分にさせる言葉、幸せにする言葉が天国言葉で、反対に不愉快にさせたり、悲しませたりするのが地獄言葉です。

「私は地獄言葉なんてほとんど使っていない」と思う人も、試しに一日、自分の言葉づかいを意識してすごしてみてください。もしかしたら、いろいろなところで無意識に地獄言葉を使っているかもしれません。

マンガに登場した海野さんのように、もともとはいい言葉づかいをしていた人も、嫌なことばかりを言う人とつき合っていると、その人の言葉づかいが移ってしまったりします。愚痴や文句を言うことが癖になってしまうと、無意

地獄言葉
恐れている
許せない
ついていない
不平不満
愚痴
泣き言
悪口
文句
心配事　　など

天国言葉
愛しています
感謝しています
ありがとう
許します
ついている
うれしい
楽しい
幸せ　　など

識のうちに誰かを傷つけることもあります。ですから、ときどき「地獄言葉を使っていないかな」と自分で確認してください。

昔から「言霊《ことだま》」という言葉があるように、言葉の力は、みなさんが思うよりも強いものです。相手が真に受けないような軽口でも、**地獄言葉は口に出しただけで自分の運気を下げてしまいます。**

自分の言葉づかいをチェックするときは、観葉植物の状態を見てみるのもいいと思います。「植物にいい言葉を投げかけると元気に育つ」と言いますよね。同じように、地獄言葉ばかり使っている

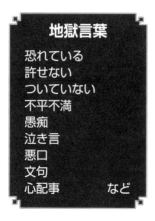

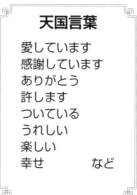

と、その影響を受けた観葉植物が枯れてしまいます。観葉植物の元気がないときは、あなたが嫌なことを言っているからなのかもしれません。

言葉は投げかけ方も、受け取り方も大切

私のお客さんに、他人から何か言われることが嫌いな経営者の方がいます。文句だけではなく、褒め言葉も言われたくないそうで、「あなたの部下、いつもよくやってくれますよ」とか「御社、評判いいですよ」と言われると、それを自分がわかっていない、と指摘されている気分になってしまうそうです。

ですが、その人はうちのお店に来るたびに「スタッフさん、すごくがんばってますよ。先生がいないときも、いつもニコニコ対応してくれるんですよ」と私に言います。私が「本当にそうなんです。うちのスタッフ、がんばってくれているんです」と言うと、「いやいや、先生が思っている以上にがんばってい

るんですよ」と、さも私がわかっていないような言い方をしてきます。
そこで私が「あなたが言われて嫌な言葉を、自分ではたくさん使っていますよ」と言うと、その人はとてもビックリしていました。私に言われて初めて、自分が誰かに投げかける褒め言葉に悪意がないのと同じように、誰かが自分に使ってくれる褒め言葉にも悪意がないことを納得できたそうです。それからその人は少しずつ、褒め言葉を素直に受け止められるようになったといいます。

また、**誰かを幸せにしたり、自分が幸せになったりするためには、自分の言葉づかいも大切ですが、受け取り方も大切です。**

うちのお店は、毎日必ずお花を飾っているのですが、あるお客さんに「ここは花もない殺風景な部屋ですね」と言われたことがあります。

林さん？
林って友人がいるんですが知ったかぶりで、適当なことばかり言うから信用できないんですよ
前回のカウンセリングでご友人の林さんは信用できないって言っていませんでした？

これは少し極端な例ですが、**人は見たもの、聞いたことを自分の思ったようにゆがめてとらえてしまうことがあるのです。**自分自身が見聞きしたことでさえ、伝えたい意図を相手が誤解してしまうことがあるのですから、第三者を間にはさんだうわさ話など、もっと大きな誤解を含んでいることでしょう。

うわさ話をする輪には入らない

たとえば、「あの人があなたのことを嘘つきだって言っていたよ」と言う人。わざわざそれを、本人に告げる必要があるのでしょうか？　「悪気があって言っているわけではないだろう」と思うかもしれません。でも、自分の気持ちではないとしても、相手が傷つくことを平気で言えるのは、その人に少なからず悪気があるからではないかと、私は思います。

もし私が、「Aさんがりえ先生の悪口を言っていたよ」とBさんに教えられたら、「Aさんが私に直接言うなら信じますよ」と答えます。本人のいない場所では、何を聞いても100％は信じてはいけないと思うからです。

それに、私の前でAさんを悪く言うBさんは、Aさんと一緒にいるときには、私のことを悪く言っているのではないでしょうか。そのことがばれないように、Bさんが私とAさんを会わせないようにすれば、Aさんと私のご縁が故意に切られてしまうのです。

会社の同僚などに、そういううわさ話をする人たちがいたら、なるべく早くその輪から抜け出してください。そうすれば、もっといいご縁が結ばれるようになります。「その人とつき合いをやめたら、友達がいなくなる」と思う人もいるかもしれません。ですが、そんなマイナスな話ばかりする人と一緒にいて、本当に心から笑えていますか？　友達がいなくなってしまったとしても、自分が幸せの道を歩いてさえいれば、必ず心を許せるような、新しい友達ができるはずです。

幸運を引き寄せたいなら、表情も大切！

私はよくスタッフやお客さんに「ブスッとして歩いていてはダメよ」と言います。駅に行くまでの道をブスッとした顔で歩いていて、すれ違った誰かに「ああ、なんか嫌な顔見ちゃったな」と思われたら、知らない人にまで嫌われてしまうということ。そういう人にいいことが起こると思いますか？

逆に、ニコニコして歩いていれば「あの人何かいいことあったのかな？」「私までいい気分になっちゃう」と思ってもらえ、あなたが意識していないところで誰かを幸せにしてあげられます。**自分の行いは、必ず自分に返ってきます。誰かを幸せにしたあなたにも、いつか幸せが返ってくるのです。**

写真を撮るときも同じです。「私、写真写り悪いんです」と言う人が多いのですが、写真は正確にその瞬間を記録してくれます。もし写真に写った顔がブスッとして見えたら、あなたが普段からブスッとしている証拠です。

運が悪いときも同じです。自分の運の悪さは、自分が引き寄せているものなのですが、多くの人はそれを棚に上げて、自分よりいい思いをしている周りをうらやんだり、文句を言ったりしてしまうのです。写真にきれいに写りたい、運をよくしたいと思うなら、それに気づいて普段の表情や行動をあらためる努力をしてください。

「許す」は「緩ます」こと

マンガで一人さんが言っていたように、「許す」とは、この世で一番大変な修行です。相手とのご縁を切ってしまうほど大きな「許せない」もあれば、ささいなときについ感じてしまう「許せない」もあります。たとえば、お父さんが靴下を裏返しのまま洗濯に出す、奥さんの料理の味つけが薄いなどです。

そういう話を聞くと、私は「1％だけでも許してあげられたら、自分を褒め

てください」と言います。そのくらい「許す」とはすごいことなのです。

「まだ許せない、どうしても許せない」と何度も相談に来る人もいるのですが、**許せないという気持ちをもち続けるのは、自分の心をギューっと縛りつけているのと同じことです。**それを少し緩めてあげることができれば、すごく楽になります。ですから、少しでも許せたら、それで自分を褒めてあげてください。「全部許さなくては」と思いつめたら、また自分を縛り直すことになってしまいますからね。

なんでもまじめに、しっかり、ちゃんとやらなきゃ、と思っていては、自分を苦しめながら生きていくことになります。少しずつ緩ませて生きていってください。人は何度も生まれ変わって、いろいろな人生を送ってきています。その中で、「許す」というとても難しい修行を今世にもってきた。それだけで自分を褒めていいと思います。

マンガにも描かれていますが、私も嫌な噂を流されたり、嫌なことを言われたりすることがこれまで何度もありました。「笑顔ですごそう、神様はちゃんと見ていてくれる」と思うのですが、やはり「なんなの！」と思ってしまうときもあります。

そんなある日、一人さんに「許さなくてもいいよ」と言われました。**「その代わり、許せないと思っている自分を許してあげるんだよ」**と言うのです。その言葉で、私は自分を許せていなかったことに気がつきました。

今、「何かを許せないな」「あのときのあれは許せない」と思っていることがあったら、その相手や物事に対してではなくて、まず自分自身に「許してあげなさい」と言ってみてください。そうやって自分を縛りつけていた戒《いまし》めを緩めてあげると、いつか他人や物事を許せる日がやってくるでしょう。

Chapter 4

お金を楽しく使うと、お金が向こうからやってくる

今日の予約は終わったから先に帰らせてもらうわね
はい おつかれさまでした
一人さん!
ああ りえちゃん
今日はもう終わりかい?
はい
グッ
ハハ 何か食べに行こうか? 向こうの通りに新しくできたお寿司屋さんはどうだい?
行きます!
二代目 太郎
すし
——ってことがあってね
へえ、それは大変だったね
そわ
そわっ

あ、あの！
失礼ですが斎藤一人さんではありませんか？
中根太郎（39）
ええ そうですが
声でそうじゃないかと！
あああ やっぱり！
私、一人さんの大ファンなんです！
本も買ってます！
まさかこの店に来てくれるなんて感激です!!
それはありがとう
偶然入った店の店長が一人さんのファンだなんていいご縁ですね
やっぱり一人さんのファンは店長みたいな経営者が多いんでしょうか？
一人さんの本は商売に役立つこともたくさん書いてありますからね まあ、うちは一人さんのように大儲《もう》けってわけにはいきませんが

毎日仕込みをしながらドキドキしてんですよ
今日は何人客が来るのか？
誰も来なかったらどうしよう
こんなにおいしいんだから、心配ないと思いますけど
それに、お客を呼ぶことはそんなに難しいことじゃないよ
えっ！お客を呼ぶのが難しくない!?
だって、この店の前の通りは1日に何百人もの人が通るだろう？
それがみんなお客様候補なわけだ
店長は通りからあと数メートル店のほうに近寄ってもらうための努力をすればいいだけだよ

なるほど！お家を出て何百メートルも歩いてきてもらうのは無理でも
数メートルなら何とかなりそう！
それに客候補が何百人もいると考えれば「ひとりも来ない日はない」って思えるから気が楽になりますね
それとね
大事なのは今より3倍儲けようと思って知恵を出すこと
それが大儲けのコツだよ
3倍儲ける知恵…
今と同じ儲けを想定していたら成功したって利益は増えないからね

あと、少しでも損をしたらその知恵は捨てることも大切！
“知恵”ってとても貴重なものでなかなか出てこないと思っている人が多いけど
考えればいくらでも出てくるものなんだから
損失が出る知恵は捨てて次の知恵を探す…
くり返すうちに損をせず3倍儲けられる知恵が見つかるってことですね！
なるほど…
うちが赤字ギリギリなのは、その知恵が足りていないからでしょうね
さっきも言ったけど今と同じ売上げを目指していたらそれ以上の利益は出ない
よく“儲けが出ない”って言う経営者がいるけど
ああ、これで今月も赤字にならないぞ
そういう人は経費をまかなえるだけの稼ぎを得た時点で満足しちゃっているんだ

でも、それって
やっとスタート地点に
立ったところなんだよ
START
本当に儲けたいなら
その先を目指さなくちゃ
わかりました！
やってみます！
トン
いろいろ
教えてもらって
ありがとう
ございました
はい、ご注文の
トロです！
ワーイ
おっ
うまそうだね!!
こんなにおいしい
お寿司屋さんが
近所にできたなんて
幸せ♡

りえ先生！今日はみんなで外食にしませんか？
いいわね みほちゃんは どう？
賛成です！ちえちゃん 行きたい店が あるの？
うん
近所においしい お寿司屋さんが あるって お客さんが 教えてくれたの
ここです！
あら 太郎さんの お店じゃない！
先生 ご存じだった んですか？
開店した ばかりのときに 一人さんと来たの

ワイワイ
ガヤガヤ
うわ、混んでる！
今日は入れないかな〜…
りえちゃーん！
あれ一人さん！
仕事の打ち合わせで来て、終わったところだったんだ
そうだったんですね一人さん何食べます？

わーい！
私の分はもう頼んであるんだ
みんな、私がごちそうするから好きなものを食べなさい
やったー!!
一人さん りえ先生 こんばんは
こんばんは お店大盛況だね
一人さんのおかげですよ
店長店長！いったいどんな知恵を使ったんですか？
表に大きな字で看板を書いたり…あとはそのうち気づきますよ
営業ヒミツです♪
えー!?

あ、そうだ
店長、お水もらえますか？
薬かい？
いえ サプリメント飲んでるんです
どうぞ
ありがとう
コクッ
穴子の骨せんべい 300円
穴子の骨せんべい 300円
〝穴子の骨せんべい〟！
へぇ～

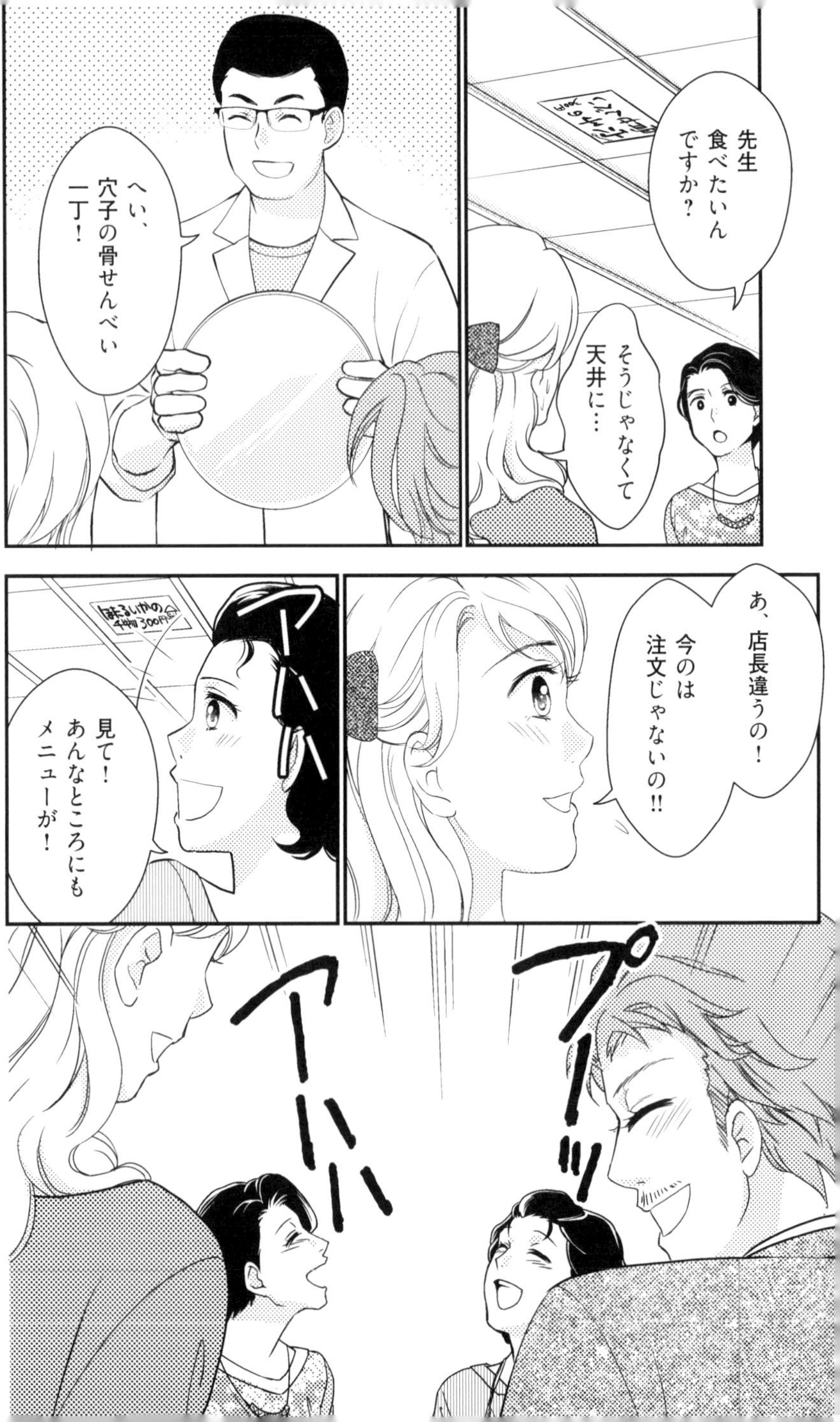
先生 食べたいん ですか？
そうじゃなくて 天井に…
へい、穴子の骨せんべい 一丁！
あ、店長違うの！ 今のは 注文じゃないの!!
見て！ あんなところにも メニューが！
プーッ
アーハハ

まあ 出してもらえば いいじゃない これも商売繁盛の 知恵のひとつさ
…そうですね
こんなユーモア 思わず頼んじゃい ますね
店長もとても いきいきしているね 知恵を出し続けられるお店は どんどん繁盛していくよ
はい どうぞ
コトッ
隠れメニューは ほかにもありますから よかったら 探してください
本当ですか？ よーし 全部探して 注文しよう！
りえ先生 まだ食べるの？
アハハ

Chapter 4
解説 5

斎藤一人さんが教える商売の成功法則

この章では、私の師匠である斎藤一人さんがこの本のために語りおろしてくださったお話を紹介します！　会社を経営している人も、サラリーマンの人も使える秘訣をたくさん教えていただきました。ぜひ、お仕事の参考にしてください。

りえ：マンガで一人さんが言っていた「3倍儲ける知恵」って、材料の仕入れ値を下げるとか、そういうことではないんですよね。

もともと務め人だった人は、お給料で食べていく癖がついちゃっているんだよね。それが、自分で商売を始めようとするときの落とし穴だよ。
サラリーマンの意識のままで経営をすると、儲けと必要なお金が釣り合わなくなる。**経営者は、3倍儲けてやっとサラリーマンと同じ利益が得られるものなんだ。**それに、3倍稼ごうと思わないと、3倍稼げる知恵は出せない。3倍儲けることに成功した人が、さらに3倍儲けようと思えば、そのための知恵が出てくるよ。

たとえば、10個売れるまんじゅう屋より100個売れるまんじゅう屋のほうが、絶対お客様に支持されているよね。1000個売れるまんじゅう屋になろうと思ったら、「アンコをどうしたらいいか、皮をどうしたらいいか」って考えるだろ。店の内装や、自分の接客も気にするようになる。商売は、商売をやりながら進歩するものなんだよ。

普通に考えて、皮が破けていて、まずそうなまんじゅうは売れないよね。同じように、自分のこともまんじゅうだと思って考えてみるの。「皮」は自分の着ている服や笑顔だよ。「中身のアンコ」は、あなたの考え方。おいしそうな見た目でも、中身をさらけ出したとき、ちゃんとお客様に好かれますかってこと。商売は、そうやって自分の魂を成長させながらやっていくものなんだよ。

若い人が商売を始めるとき、たいていは家賃が高い店は借りられなくて、場所が悪いところに店を開くことになる。場所が悪いってことは、店の前は人が通らない。だけど、ちょっと離れれば人はたくさんいるんだよね。だから、50メートルでも100メートルでも、離れた場所から人が呼べるお店にしなくちゃいけない。

100メートル先から人を呼べるようになると繁盛する。安い家賃で繁盛するから儲かる。儲かると立地のいいところへ店を出せるんだよ。場末でやっても繁盛することを、場所がいいところでやればもっと繁盛する。そうすると今度は駅前に出られる。

大事なのは今より3倍儲けようと思って知恵を出すこと
それが大儲けのコツだよ

「駅前」っていう土地は、日本全国どこにでもあるよね。だから大繁盛する。

つまり、「**〝場所が悪い〟は億万長者のもと**」なんだよ。

魚釣りで、どうしたら魚が釣れるだろうかって考えるのは面白いよね。商売でお客様に来てもらうことはもっと面白いんだよ。貼り紙も「数メートル先のお客様を呼ぼう」じゃなくて、「この貼り紙が自分を億万長者にしてくれる」と思ってごらん。実行することが楽しくなるだろう？　面白くて楽しくて、笑いながら億万長者になれちゃうんだ。

経営者の強みは、今日考えたことを今日できること。新しいメニューを考えたら、経営者は誰かに決裁を仰がなくても、その日のうちに実行できる。誰にも相談せずに、新しいアイデアを試せるんだよ。なのに、教わったことだけをやっていたらサラリーマンと同じ。それだったらサラリーマンを続けたほうがいいよ。

サラリーマンが出世しようと思ったら〝運勢〟をよくすればいい。

運勢って「運の勢い」って書くでしょ。今までやってきたことをちょっと早くやると勢いがつく。一日かけていた仕事が30分早く終われば、その30分で誰かの仕事を手伝える。そうすると周りに好かれて出世につながる。自分の仕事を早くやるだけで出世できるんだよ。

鉄砲の玉だって、勢いがあるからゾウでも倒せるんだよ。遅かったらダメだろう？　出世する人や成功する経営者はせっかちだって決まってるの。のんびりしていて出世する人はいないよ。

りえ：一人さんって、千手観音みたいにたくさん手（知恵）が出て、しかもその知恵を惜しげもなく他人にあげていますよね。

うん。ひとつのことに1000の手が出るんだよ。たいてい、1000まで出さなくても10か50くらいでいいアイデアが出るけどね。

知恵を出すときは、いいアイデアを出そうとしないで、とにかく数を出すん

だよ。プロのカメラマンだって、何百枚、何千枚と撮って、その中からいい1枚を選ぶだろう？　一発で決めようとするのは素人の考えだよ。

そうするとね、1000個出した知恵のなかで、私にとって必要なのはたった1個だけど、残りの999個にほかの人が必要としている知恵があるかもしれないだろ。私は使わないで捨てちゃう知恵なんだから、譲ったって惜しくないよ。

いい知恵を出して成功するのは、執念深いというか、言い出したらきかないというか、いくらでも手を考えて、10回失敗しようが、20回失敗しようが、**必ず成功させてやるって思いをもつ人だよ。**その証拠に、学校で一番頭がよかった人が会社で一番出世しているかというと、そんなことないだろう？　どんな

意見でも、次々と出していけば、最後のひとつがいい知恵かもしれない。社長はいい意見を出すんじゃなくて、どんな意見でも出せる雰囲気をつくってやることが大事なの。

りえ：一人さんの3つの成功の秘訣が「せっかちなこと」「自分は運がいいと思えること」「愛嬌があること」なんですよね。

仕事が早い人は失敗も多いというけど、間違えたら直せばいいし、仕事が早い人は直すのも早い。遅い人っていうのはすべてが遅いの。だから自分をせっかちにする訓練をしなくちゃダメだね。思いついたことを即やれるようになるんだ。だいたい、せっかちじゃない人は思いつきもしないものだよ。

どのくらいせっかちかと言うと、蕎麦屋に行って「何食べよう」とメニューを見るようじゃまずダメだね。蕎麦屋ってだいたい似たようなメニューが多いし、いつも行く蕎麦屋なら、なおさら行く前に決めておかなきゃ（笑）。

悩み事を抱えている人に「あなたの人生のなかで何が一番大切ですか」って聞くと、家族とか友達とか、いろいろな答えが出てくるけど、次に「その人を助けるには具体的にどうしたらいいですか」って聞いてみる。すると、「お金」って返ってくるんだ。大切な家族を養うのだってお金が必要だからね。

でも、「お金が大切」と言う人に、お金持ちはいない。考えが浅すぎるからだよ。**本当に大切なのはお金じゃなくて、お金を生み出してくれる仕事なんだ。**それがわかれば、仕事を楽しくするにはどうしたらいいんだろうって考えられる。

ほとんどの人は仕事が嫌いだから、いい仕事をする努力じゃなくて、仕事を好きになる努力をしてごらん。いつもは1時間かかる仕事を1分でも早く終わらせようってゲームのように考えたり、サッカーみたいに怒る上司をディフェンスだと思って楽しんだりね。まずは仕事を好きになる努力をして、頭のなかで仕事が一番だって納得すると、いい仕事が引き出せるようになるよ。

りえ：商売で成功するにはどうすればいいですか？

商売は戦《いくさ》と同じで、競争なんだ。唯一違うのは、戦は倒し合いで、**商売は喜ばれ合い**だってこと。喜ばれた者勝ちなんだよ。

たとえば「500円玉と1000円札を交換して」って言われたら、喜んで換えるだろう？　それと同じで、6000円とか8000円の価値がある本を2000円で買えたらお客は得できる。値段以上の価値を

店長もとても
いきいきしているね
知恵を出し続けられるお店は
どんどん繁盛していくよ

お客が感じればいい本だと思うし、作者を素晴らしいと思えば次の本も買ってくれる。

最近、オマケがついている月刊誌があるよね。あれって、出版社は中身で勝負したいけど、お客は本の中身だけではお金を出さないと思っているから、付加価値のオマケをつけるんだよね。その結果、出版社もお客も喜ぶ。

「売れない」という結果こそ、勝負の仕方が間違っている証拠だよ。苦労したら、もっとがんばろうと思わず、間違っていることを自覚してやり方を変えなくちゃいけない。**正しいことで苦労するわけがないんだ。**

りえ：経営者ではなく、サラリーマンが成功するにはどうすればいいですか？

さっき「運勢」の話をしたけど、この本は買った人を得させるためにつくられているでしょ？　それと同じように、サラリーマンもお客に得したと思わせればいい。サラリーマンが得させるべきなのは、自分の時間を買ってお給料をくれる会社だよ。自分の上司に「この人がいて得だ」って思わせるんだ。

要は、**たったひとりのお客である上司の好みもわからないようじゃ、成功なんてしないんだ。**「僕の考えはこうです」って自分本位な意見を通そうとしても、そんなのお客は求めていない。上司が喜ぶものを考えて、それを出す。出世して上司が変わったら、その人が喜ぶものを出す。ひとりの客が喜ぶものを提供できるようになると、そのうちに世間が喜ぶものを提供できるようになるんだよ。

社員は社員としてのプロ意識、それとプライドが大切なんだ。

うちの会社では、社長である私の悪口を言ったらクビってルールになってるんだ。悪口を言うくらい嫌いな人からは、まんじゅう一個でももらったらいけない。「お前のまんじゅうなんて食いたくない！」って捨てるくらいじゃないと。それが人間としてのプライドなの。ましてや、給料をもらうなんてもってのほかだよ。ずっと褒めていたくなるような人のもとで働くべきなんだ。

だから、うちの会社は社長の私のことが大好きな人ばかり。私がいないときでも一生懸命働いてくれるんだ。

もっと言うと、誰に会ってもみんな私の味方にしちゃえばいいんだよね。誰かと敵対して利益を奪い合うくらいなら、仲よくなってお互いに利益を得られるようにしたほうが、断然得だよ。

どうすればそんなことが可能なのか、わかるかい？　自分ができることをやっていればいいだけだよ。この話をしている時間だって、私はタダ働きだ（笑）。こうやって自分にできることをしていると、私が困ったときにみんなが助けてくれるんだ。

でも、一番理想的なのは、私が困らないこと。**ずっと困らずに、助けっぱなしの人生が理想なんだよ。**助けっぱなしって損みたいだけど、そんなことない。だって私、すごく幸せだもの。どこに行っても待っててくれる人がいるんだよ。それってすごく幸せなことじゃないか。

りえ：最後に社長や店主など、経営者の心得を教えてください。

経営者は金儲けのプロだよ。不況だから儲からないなんて言ってたら経営者失格。そこを何とかするのがプロなんだって自覚しないとダメだよ。

社長の私は旅をしていて、ほとんど会社に行かない。私が会社にいたら、会社の中しか見えないからね。社長は世の中を見て、船をどっちに進めるのかを決めるのが仕事なんだよ。儲かるほうへ儲かるほうへ、どんな荒波が来てもそれを避けてスイスイ進む。うちの会社の人は、どんな不況が来ても、私についていけば大丈夫だと思ってる。大丈夫にするのが私の仕事。社員は私が安心して世間を見ていられるようにする。だから、働き者の社長は会社にばかりいるべきじゃないんだよ。

Chapter 5

本当の「努力」が、夢を叶える

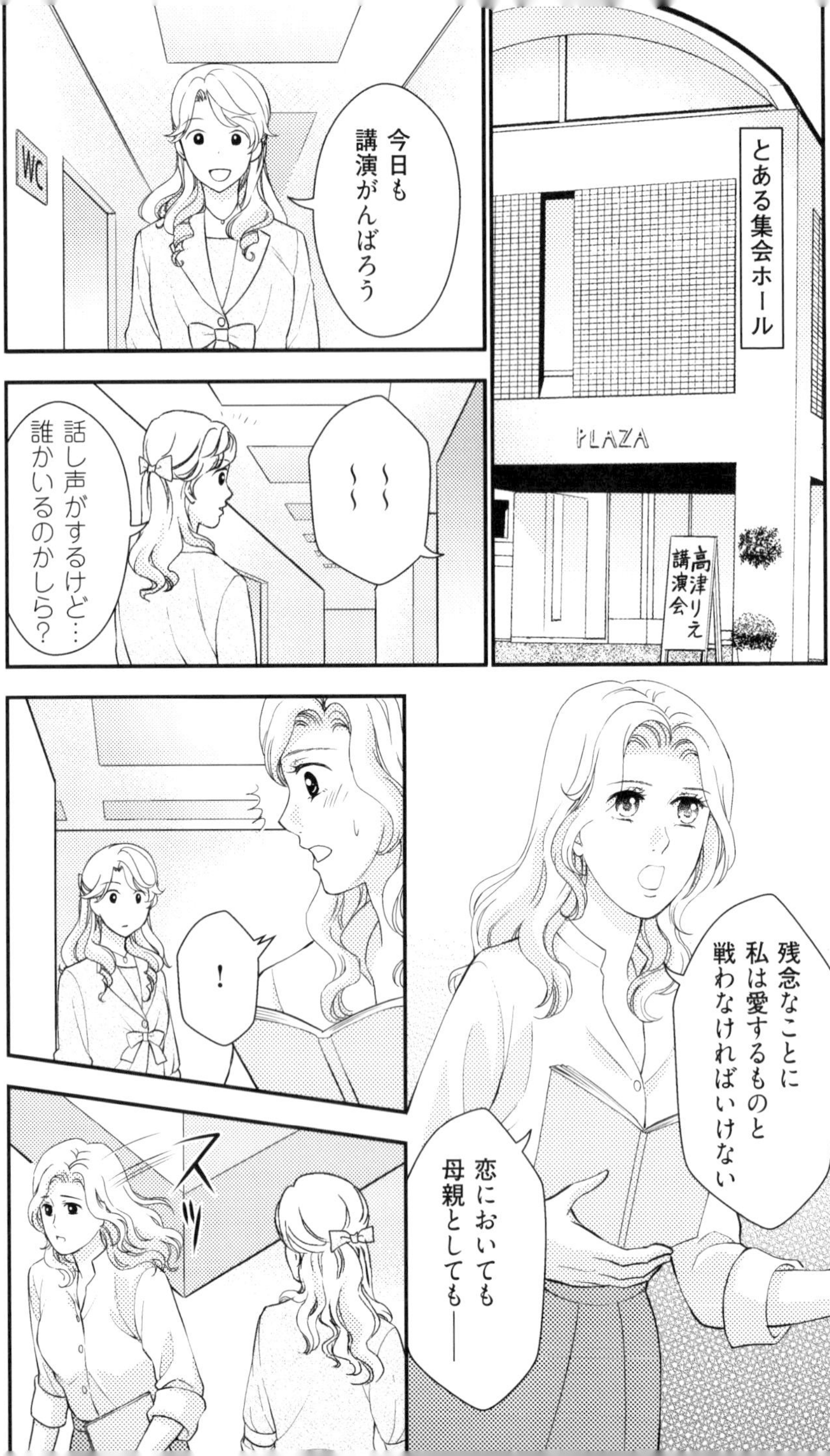

とある集会ホール
PLAZA
高津りえ講演会
今日も講演がんばろう
～～
話し声がするけど…誰かいるのかしら?
残念なことに私は愛するものと戦わなければいけない
恋においても母親としても――
!

今の人…
なんだかとても
思いつめていた
ような…
あ
いた英子!
もう講演
始まるわよ!
私、劇団の
オーディション近い
って言ったのに…
ハア
平島英子(29)
今からでも
帰って練習したい
くらいよ
何言ってるの!
あなた、女優になる
っていつも稽古
ばかりなんだから
たまには
お母さんの楽しみに
つき合いなさい!
ハア

みなさん
こんにちは
スピリチュアル・カウンセラーの高津りえです
パチパチパチ
あ、さっきの女性…
彼女を励ます内容はこれじゃないわね
パタッ
みなさん夢ってありますか?
世界一周したいとか大金持ちになりたいとか――
役者になりたいとか人それぞれだと思います

もし、その夢が叶わなくて苦しんでいる人がいたら…
ハッ
周りの人への感謝の気持ちが足りていないのではないでしょうか？
夢のために努力するのは素晴らしいと思います
でも、周囲への感謝をないがしろにしたら、夢の入り口にも立てません
三ツ星シェフになりたい人が「自分の仕事はおいしい料理を作ることだ！」って
片づけを手伝ってくれるスタッフや食材を仕入れる人に感謝できなかったらプロの料理人にもなれないと思いませんか？
…たしかに
あなたの夢は叶わないのではなくて努力の方法が間違っているのかもしれません

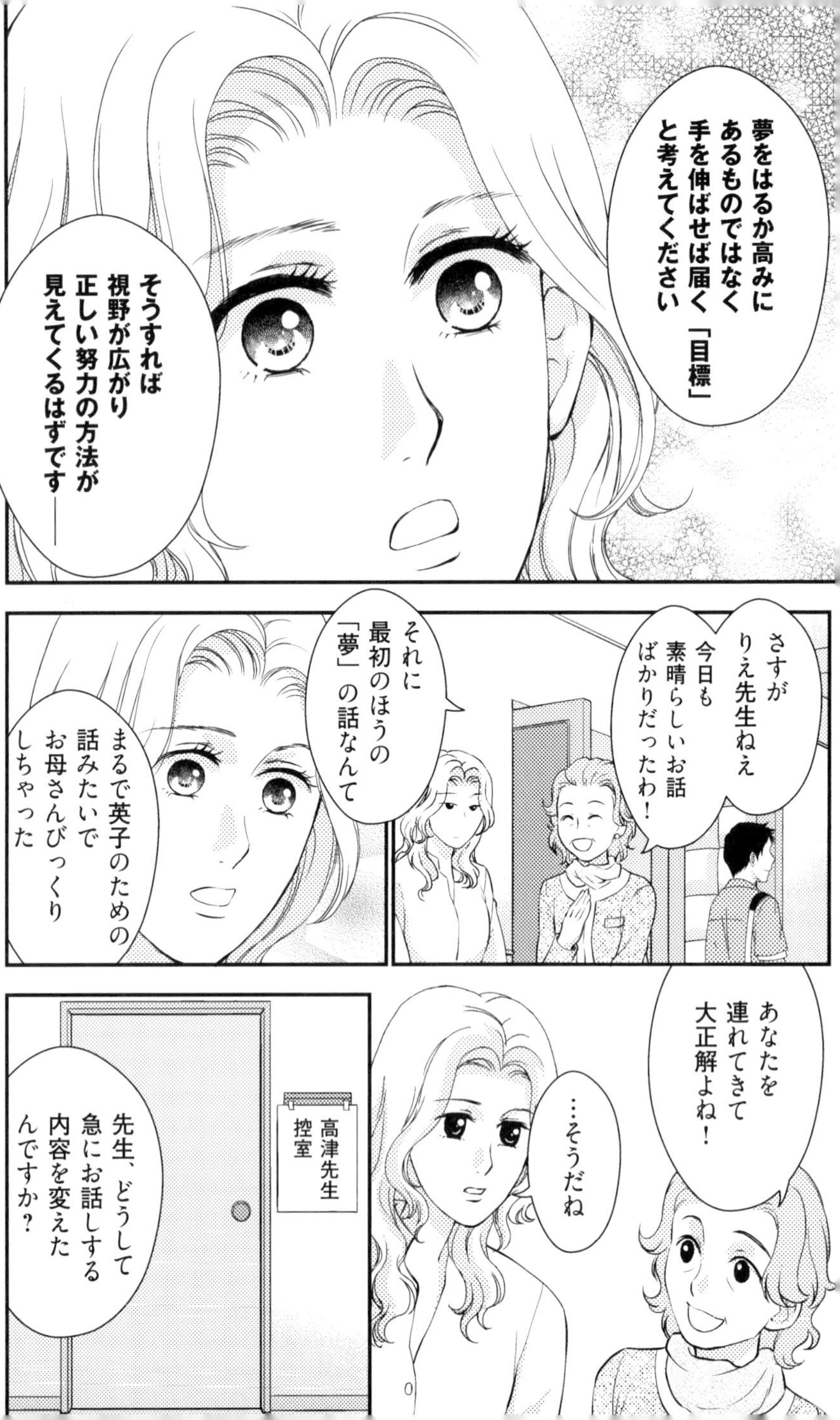
夢をはるか高みにあるものではなく手を伸ばせば届く「目標」と考えてください
そうすれば視野が広がり正しい努力の方法が見えてくるはずです――
さすがりえ先生ねぇ今日も素晴らしいお話ばかりだったわ！
それに最初のほうの「夢」の話なんて
まるで英子のための話みたいでお母さんびっくりしちゃった
あなたを連れてきて大正解よね！
…そうだね
高津先生控室
先生、どうして急にお話しする内容を変えたんですか？

ちょっと気になる
お客さんがいてね
私の話が役に立てば
いいんだけど…
後日――
たかつ
カンセリング
ルーム
いらっしゃいませ
ご予約の方ですか？
あ、いえ
予約はしていないんですが…
あなた
この前の講演会に
来てくださってましたよね！
は、はい
平島英子と
申します

よかったら
座ってください
少しお話
しませんか？
え、私
予約していないのに
いいんですか？
次のお客さんが
来るまで時間が
あるんです
きっと今日
平島さんとお話しする
運命だったんだわ！
私、小さいときから
女優になるのが夢で
今はそこそこ
大きな劇団に
所属しています
きゃー
ヒロイン
おめでとう！
またセリフの
ない役…
でも、どんなに
がんばっても
セリフがない端役しか
やらせてもらえなくて…
まだ私の努力が
足りないんだわ…
最近は演技の
練習ばかりして
いたんです
友達の誘いも
全部断って
ねえ
今日カラオケに
行かない？
ごめん、演技の
練習をしなくちゃ
いけないから

家族と食事をしたり
話したりするのも
時間の無駄に思えて
ねえ、夕飯
食べないの？
あとで
食べるから！
自室にこもって
台本を読んで
いました
でも先生の講演を
聞いて私のやり方は
間違っていたのかな
と思って
気分転換も兼ねて
久しぶりに
友達とカラオケに
行ったんです
みんな、私が
悩んでいるのを
心配してくれて
何かあったら
相談してよ！
こんなに応援
してくれている
なんて、知らな
かった…

家で母を手伝ったときには掃除や料理すべての家事に
さっ
さっ
私や家族への気配りが込もっているんだと気づいて
以前にメイドの役で怒られたのは
ちっともなってないぞ！
ただ仕事をこなせばいいと思っていたからだったんです
私は講演会でりえ先生が言っていた
〝感謝をしない料理人〟になってしまっていたんです
夢を叶えたいという思いが強い人ほど視野が狭くなってしまって
自分の選んだ方法が間違っていることに気づけないものなの

でも平島さんは視野を広げて稽古以外のことも大切にするようになった
少し夢にも近づけたんじゃありませんか？
はい！
じつはうちの劇団で都内の大きな劇場を使えることになって
総力を挙げた公演のオーディションで私の出演が決まったんです！
おめでとうございます！どんな役ですか？
ヒロインの親友役でストーリーにも深くかかわる女性です
出番もたくさんあります！
すごーい！大抜擢《ばってき》じゃないですか！

こんなに
変わるなんて
自分でも
驚きました
感謝を示すために
周りの人とすごす
時間を増やして
前より演技の練習に
費やす時間は
少なくなっているのに
ふふ
それは
不思議なこと
ではないわ
人生のあらゆる努力が
夢を叶えるパワーに
なると気がつけば
遊びも仕事も
同じことです
そうやってなんでも
前向きに楽しめる人が
夢を叶えるんです
よかったら
先生も私が出演する
劇を観に来て
いただけませんか
スッ
ありがとう
ございます！
予定が合えば
行きますね

ああ
階段を上ってくる
足音でわかる――
彼が来て
くれたんだわ
平島さん
とっても
いきいきして
いますね
ええ
あの
主人公役の人
すごく
かっこいぃ～♡
焦ったり落ち込んだり
していても、夢は
絶対に叶いません
周りに感謝をし
今、自分にできることをする
それが夢への近道なのです

Chapter 5
解説 6

あなたの選んだ行動は本当に夢につながっている？

マンガの中の平島さんのように「役者になりたいから、役者になること以外はやりません」という人は、夢をなかなか叶えられないと、私は思っています。恋人と結婚したい人が、「好きなのは彼なので、彼の両親は関係ないでしょ」などと思っていたら、恋人ともうまくいかないのと同じです。

本当に相手のことを愛していれば、その人の仕事やご両親、交流関係もまとめて好きになりたいと感じると思います。役者になりたいなら、役者を支える裏方の仕事などにも興味をもち、片づけを手伝う気持ちやスタッフ、さらに自分を支えてくれる両親や周りの人への感謝の気持ちも、自然にわいてくるものでしょう。

どんなことも、舞台の上で脚光を浴びるような華々しい面だけでなく、地味な面やつらい面ももち合わせていると知れば、夢を叶えるために無駄なことなどないとおわかりいただけると思います。

多くの人が、幸せはひとつしかないと思っています。だから、恋と仕事のどちらかしか選べないと思ったり、誰かが幸せになると自分の分の幸せがなくなってしまうと誤解して、ねたんだりうらやんだりしてしまうのです。

幸せは、世界中の全員が幸せになっても余るくらい、たくさんあります。それに、ひとりひとつずつでもありません。とらえ方次第で、どんなことでも幸せに変えることができます。**誰かや何かを犠牲にしなければ手に入らない幸せなど、世の中には絶対にないのです。**

私、劇団のオーディション近いって言ったのに…
ハァ
今からでも帰って練習したいくらいよ
平島英子（29）

何も犠牲にせずに夢を叶えるためにも、もっと広い視野で物事を見てください。**必ず、みんなが喜ぶ方法があるはずなのです。**そして、「自分が幸せになるためにこういうことをしてきたけど、それで誰かを悲しませていないかな」と、振り返ってみてください。人に喜ばれることを基準にして、すべてがうまくいく知恵を出してみるといいと思います。

「うまくいかないなー」と感じている人は、自分の視野が狭くなっていないか、見直してみてください。夢のための努力を100歩分しても、ほかのことで30歩分しか努力していなかったら、結局、夢にも30歩分しか近づけていないことになるのです。リヤカーのような二輪車だって、どちらかの車輪だけが速く回転しても、うまく進めませんよね。釣り合いが大切なのです。

あと、私が必ず言うのは、「**ダメだったらやめてもいい**」「**またやりたくなったら、そのときに始めればいい**」ということ。

「一度始めたことは、最後までやりとおさなくてはいけない」と思うと、苦しくなってしまいます。家庭や学校教育でそう教わってきたのだと思いますが、うまくいかないとわかった方法を最後まで続ける意味はありません。今まで追いかけてきた夢よりも魅力的なモノを見つけたら、そちらに方向転換していいのです。

「やめる」という選択肢があること。それを知っておくだけで、驚くほど気が楽になると思います。

「夢」を「目標」にすれば、道が見えてくる！

〝夢〟と言うと、とても高い場所にあるものを想像しませんか？　夜空の星のように、手の届かない所に夢を置いてしまうと「どうせ叶わないだろう……」という思いがつきまとい、努力もおざなりなものになってしまいがちです。

本当に叶えたい夢なら、少し下げて夢を〝目標〟と考えてください。目標を達成するための計画を立てると、どんどん達成できるようになります。星を取る方法はわからないですが、山の頂上に咲く花なら、がんばれば取りに行けそうですよね？

この間、うちのお店の店長のみほちゃんが「先生、私、最近願いがよく叶うんです」と教えてくれました。思ったことすべてが叶っているのだそうです。

彼女の最初の願いは、「月収を10万円アップすること」でした。

彼女は御心カウンセラーなのです

夢をはるか高みにあるものではなく手を伸ばせば届く「目標」と考えてください
そうすれば視野が広がり正しい努力の方法が見えてくるはずです――

が、カウンセラーとしての収入が少なくても、うちのお店のスタッフとしてもお給料をもらえています。そばには私もいるし、心のどこかで「そんなにがんばらなくても平気」と思っていたのでしょう。でも、あるとき、向上するためにはそれではダメなんだと気づいて願ったのが「月収10万円アップ」だったそうです。

みほちゃんは、こうしたいと思ったことが本当にできるようになった経験を、私と一緒にたくさんしてきました。たとえば、何年か前にみんなでハワイ旅行に行ったとき、「また旅行がしたい」と思い、今では毎年、いろいろな所へみんなで行けるようになりました。

みほちゃんはそれまで、なかなかお金を貯められずにいたのに、「先生と旅行に行くぞ」と決めただけで、難なく貯められるようになったのです。

御心カウンセラーとしても、「もっと上を目指したいと思えば、実現できる」と思って「お給料10万円アップ」の目標を立てたのですね。

私は、「『今月は○人みるぞ』と、カウンセリング人数を目標にするのは、自分を追い込んでしまうからよくないよ」とお弟子さんたちに言っています。今日は3人だけだった、あと10人もみなくてはいけないと、苦しいほうに考えてしまうからです。

みほちゃんのように「10万円アップするぞ」と思うのは、カウンセリング人数を増やすのでも、別の方法でも達成できますよね。そのくらい、**達成方法に幅があるほうが、気楽にがんばることができます。**

その後、みほちゃんは次々にカウンセリングの予約が入るようになって、見事に目標のお給料10万円アップを達成しました。それがうれしくて、「来月はさらに20万円アップしよう！」と決めたら、それも本当に達成できたのです。

それを聞いた私が「みほちゃん、すごいね！」と言ったら、彼女は「願いは叶っている途中ですから♪」と、笑っていました。今も、毎月新しい目標を立ててがんばっています。

神様がくれたプレゼント〝勇気〟と〝知恵〟

神様は、生まれてからずーっと私たちを見てくださっていて、いろいろな贈り物をしてくれます。「今世はこのように生きます」と決めて生まれてくるとき、**神様がくれる最初の贈り物が、〝勇気〟と〝知恵〟です。**

だから、すべての人が勇気と知恵をもっているのです。「自分はとても臆病で、勇気なんてもっていない」「神様は私には知恵を授けてくれなかった」と思う人もいるかもしれません。でも大丈夫。自分のなかにある勇気と知恵に、気づいていないだけです。

たとえば朝、会社に行こうとして家を出たときに、隣の家の人も出てきたとします。「おはようございます、って言おうかな」と、少し悩みますよね。そこで、あいさつをしようと決断して声をかけるのも、勇気です。「今日は会社に行きたくないな」と思っても、「ちゃんと行くぞ」と決めるのも勇気です。

こんなふうに、みんな勇気を使って毎日を生きています。普段、当たり前のように使っている勇気はとても小さなものなので、それが勇気だと気がついていないだけです。

そして、その勇気に笑顔と知恵をプラスして行動すると、どんなことも必ずうまくいくようになっています。

近所の人にあいさつするだけでも「無視されたら嫌だな」「相手が嫌な顔をしたらどうしよう」と、いろいろ考えると思います。でも、そこに笑顔を足してあいさつしてみると、無視されたり嫌な顔をされたりしても、自分自身が気持ちいいはずです。笑顔で言えてよかったと、自分を褒めてあげられます。

生まれてから、神様は私たちの成長に合わせて、いろいろな贈り物をしてくれます。〝信じる心〟〝優しさ〟〝感謝〟など……、数えきれないほどたくさんです。でも、それを受け取るタイミングは全員一緒ではありません。

神様は「今年はこれをあげよう」「20歳になったからこれをあげよう」とは

神様のプレゼント

生まれるときにもらうもの	➡	勇気と知恵
それぞれのタイミングでもらうもの	➡	信じる心 感謝 優しさ 親孝行　　など

考えず、**その人の魂の成長過程によって、贈り物の種類やタイミングを決めているのです。**20歳のときに、〝親孝行〟の贈り物をもらう人もいるでしょう。もっと早くにもらっている人もいますし、40代、50代になっても受け取れずに、親孝行ができないでいる人もいます。

　ですから、自分ができて他人ができないこと、あるいは他人ができるのに自分にはできないことに対して、イライラしたり責めたりしてはいけません。今はまだ贈り物をしても持て余してしまうと神様が判断しているんだなと思って、自分磨きに精を出して、次にくる贈り物を楽しみにすごしましょう。

夢を諦めるのも、反対するのもあなた自身

何かしたいなと思ったとき、それを一番邪魔するのは自分です。「無理じゃないか」「昔、○○をやってダメだったじゃないか」と、何かしら理由をつけて諦めさせようとしてしまうのです。明るく考える癖がついている人なら、「過去に失敗したからその反省をいかして、今ならこれができるんじゃないか」と前向きに考え、行動に移すことができます。

第3章のマンガに登場した海野さんのように、親や友人が反対するので困ると言う人もいますが、周りの人は自分の心の中の反対意見を代弁してくれているだけなのです。**「反対されたからどうしよう」ではなく、その反対意見に対して、きちんと言い返せない理由を考えてみてください。**言い返せない程度の夢なのか、言い返す材料がないくらいに準備不足なのか……、反対意見をひとつずつ消していけば、それだけでぐっと夢に近づけているはずです。

Chapter 6

神様に愛され続けるために必要なこと

ただいま…
ちえちゃん お帰りなさい
このたびは ご愁傷さま でした
ありがとう ございます…
元気出して そんな顔をして いたら、天国の おばさんが 悲しむよ
お葬式なんて 子どものとき以来 だったから 想像以上に ショックを 受けちゃった
おばさん 私の両親と あまり年が 変わらないの
お父さんたちも 突然死んじゃっ たら…って 考えが消せなくて 不安で…
ちえちゃん 大切な人との別れを 悲しむなとは 言わないわ
でもね、〝死〟って みんなが思うほど 怖いものじゃないのよ
むしろ私は 神様がくれた贈り物 だと思っているの
神様の贈り物？

人は、自分がいつか死ぬことを知っている
だから生きている今この瞬間を大切にできる
がんばろうっていろいろなことに一生懸命になれるし
悪いことや人が傷つくことをして、命を無駄にしないようにしよう人に優しくしようと思えるの
そうですね死ぬことを知らなかったら親孝行したり自分の行いを顧みたりしないかも
〝あとでいいやいつでもできる〟って
そうでしょ？
亡くなった人も天国で幸せに暮らしているんだから
生きている私たちが悲しんでばかりいてはいけないわ
はい…
でもやっぱり死ぬのは怖いです
生きている間は天国がどんな場所かわからないし
じゃあ、特別にいいことを教えてあげる

亡くなった人はね
天国に入る前に
神様に「人生を振り返ってごらん」って言われるの
それで
後ろを見てみると
その人が
誕生したときから
歩んできた
まっすぐな幸せの
一本道が見えるの
まっすぐな
幸せの一本道？
人は迷ったり
悩んだり
行き詰まって
あと戻りしたり…
グネグネした
先が見えない道を
歩いているように
思うでしょ？
でも、そういう
さまざまな経験は
全部、幸せになる
ための一本道の
上で起きていた
考え方のことなの
ああ、私は
一度も迷わずに
幸せへの道を
突き進んできたんだ
――って
亡くなったときに
神様が教えて
くれるのよ

へえ〜
ふたりは本当なら死ぬまで知ることができないこのことを、今知ることができたんだから
これからの人生も幸せの道を進めるでしょ？
はい！
翌日
佐々木さん！
また来てくれたんですね！
ちえちゃんはいつも元気ねえ
私はそろそろお迎えが来るかと思うと怖くてねえ
若い子がうらやましいわ
佐々木さん！あのね、人はみんな幸せの一本道を歩いていてね…
ふふっ
ちえちゃんったらさっそく昨日の先生の話をしてる

少し前に母が体調を崩して入院しました
手術は成功したんですけど
小沢巧（54）
容体が安定しなくて危篤状態になっては持ち直すのをくり返しているんです
まあそれは心配ね
いえ、正直母とはもともと折り合いが悪くて
数年前に父が他界し、一人息子の私しか家族がいないから面倒を見ているだけです
実のお母様なのに、仲が悪いなんて…
容体が悪くなると時間を問わず連絡が来るでしょう？
ブブブ
お母様の容体が急変されて――
深夜に起こされることも何度もあり

すみません　急に母の容体が悪くなって…　早退させてください
もう何度も仕事を抜けたり休んだりして上司や同僚にも迷惑をかけています
先生、これ以上は私も母も苦しいだけです　なんとかなりませんか!?
仕事が遅れる苛立ちと睡眠不足で
ハァ
母を恨めしく思うくらいですよ
…小沢さん　病院へお見舞いに行くとき、お母様になんて声をかけていますか？
最近の母は起きていてもぼんやりしていて会話にならないから…
がんばってくれよ
やっぱり…
え？
小沢さんの話しぶりだと「お母様に死を受け入れてほしい」ように聞こえますけど
本当は違いますね

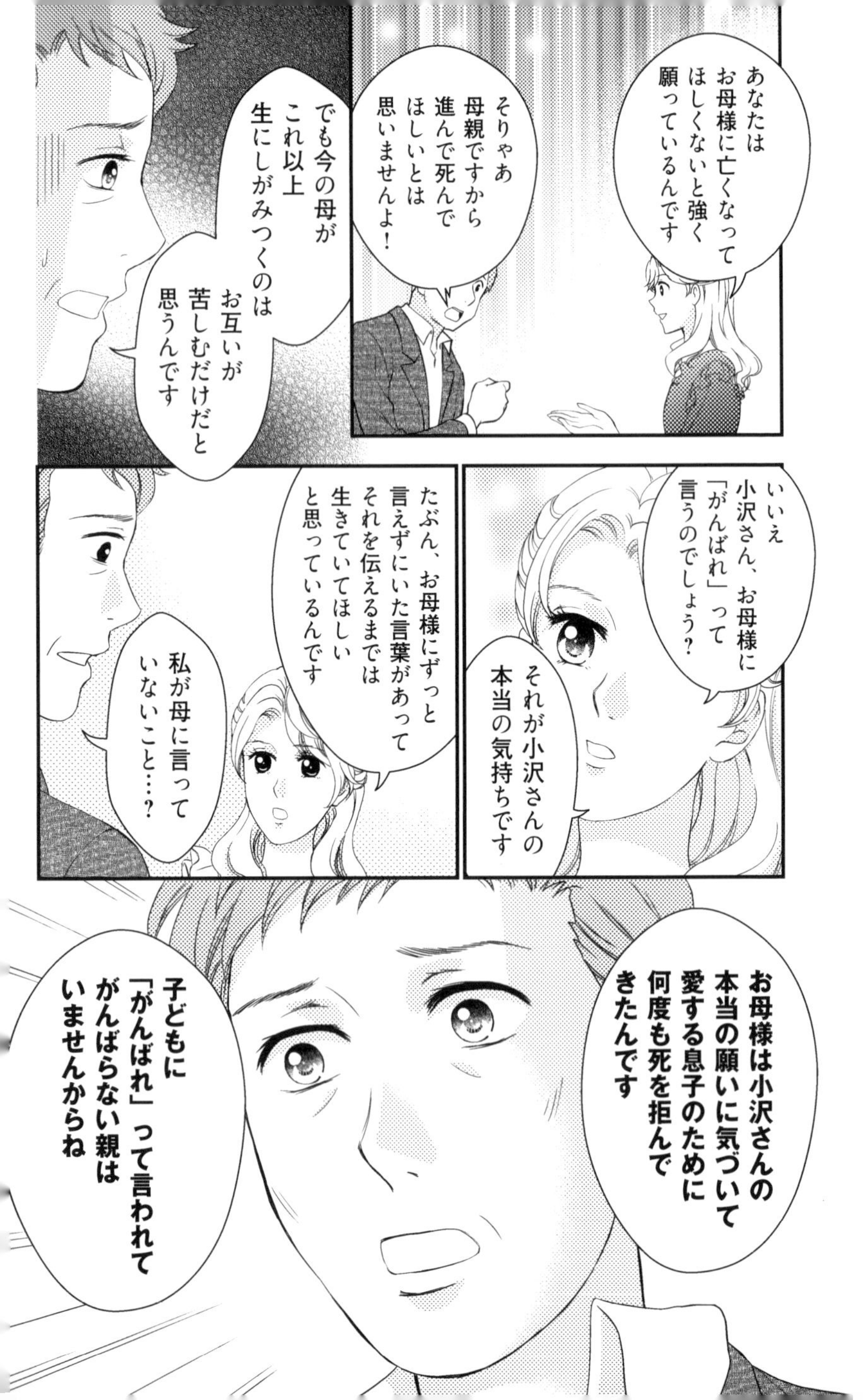

あなたはお母様に亡くなってほしくないと強く願っているんです
そりゃあ母親ですから進んで死んでほしいとは思いませんよ！
でも今の母がこれ以上生にしがみつくのはお互いが苦しむだけだと思うんです
いいえ小沢さん、お母様に「がんばれ」って言うのでしょう？
それが小沢さんの本当の気持ちです
たぶん、お母様にずっと言えずにいた言葉があってそれを伝えるまでは生きていいてほしいと思っているんです
私が母に言っていないこと…？
お母様は小沢さんの本当の願いに気づいて愛する息子のために何度も死を拒んできたんです
子どもに「がんばれ」って言われてがんばらない親はいませんからね

……母が入院して
今までずっと礼を言っていなかったな
…と思うようになりました
しょっちゅう連絡してくるなよ
顔を合わせるとつい文句や嫌味が口をついて出るんですよね
進学で父ともめたときに
この子が本気で考えたことなんだから
私の味方をしてくれたことも
少ないけど
これでおいしいものでも
たまには食べなさい
母より
少ないパートの稼ぎから仕送りをしてくれたことも
母さん…
結局まだ感謝を伝えていないんです

就職してからはほとんど会っていませんでしたし
また母さんから手紙が来てる
ポイ
手紙を無視したり
親不孝だったな…と
きっとそれですね
小沢さんは素直になれない性格のようですけど一度でいいんです
きちんと言葉にして感謝の気持ちを伝えてあげてください
そうしないと後悔すると思いますし
お母様は亡くなったあとも小沢さんのことが心配で天国に行けなくなってしまいます
……わかりました

……
……
ありがとう
母さん
巧…？
りえ先生は「1回でいい」と言っていたけれど
どうしたんだい急に？
いや…いつも言ってなかったなって…
母が生きているかぎり今までの感謝をたくさん伝えていこう

Chapter 6
解説 7

どんな人も生まれながら幸せの一本道を歩いている

人はいつか必ず死を迎えます。「死」があるからこそ、生きている間にいろいろなことに挑戦しよう、人に優しくなろう、幸せになろうと思うことができ、さまざまなことを学べるのですね。

死を迎えると、とてもまぶしくて、優しく暖かい光に包まれます。その光のなかに立つ神様が、一度だけ、人生を振り返る機会をくれます。そうして、自分の後ろを見てみると、**生まれた日までまっすぐに続く幸せの一本道が見えるのです。**神様は、その人が遠回りしたり悩ん

ああ、私は一度も迷わずに幸せへの道を突き進んできたんだ
――って亡くなったときに神様が教えてくれるのよ

だりしていたのは考え方の中だけのことで、ずっと幸せの一本道を迷わずに歩いてきたんだよ、と教えてくれます。そうして、安心して天国の扉をくぐれるようにしてくれるのです。

本当は亡くなったときに教えられることを、生きているうちに知ることができたみなさんは、安心して死を迎えられますし、過去を振り返れば、どんな思い出も輝いて見えると思います。今いる場所も幸せの一本道だとわかったら、未来も幸せ、過去も幸せだと感じられますよ。

大切な人への感謝は、いつでもどこからでも届く

謝ることができずに別れてしまった人がいたり、お礼を言おうと思っていたのにタイミングを逃してそのままになってしまっていることがあったりしませんか？　なかには、事情があって謝罪や感謝を伝えたい相手に二度と会えない

という人もいると思います。
そんなときは、その人のことを心の中や空に思い浮かべて、「ありがとう」「ごめんなさい」と声に出してください。感謝はあなたの気持ちも温かくし、謝罪は心の中にわだかまった罪悪感を溶かしてくれます。

普通は「心の中の人、空に思い浮かべた人に向かって言っても、本人には届きやしない」と思いますよね。だからよく、「天国にいるあの人に伝えてほしい」と、私に伝言を頼みにくる人もいるのですが、**自分で「ごめんね」「ありがとう」と言ってあげれば、確実に伝えたい相手に届きます。**

天国で暮らす人に感謝して「ごめんね」「ありがとう」と素直な言葉が言えたとき、背中が温かくなったら、それは相手に想いが伝わっている証拠。胸が温かくなるときは、「大丈夫だよ、安心して」と抱きしめてくれていると思ってくださいね。

親は亡くなる瞬間まで子どものことを考えている

親が何度も危篤になって、何度も病院に呼ばれて「もうダメだ」と何度も思わせられる。すでにそういう経験をしてきた人もいるでしょう。

どうして何度も死の予感を突きつけられるのかというと、大切な人の死を諦められるように、です。くり返し「私は行くからね。いつまでも私を頼ろうとしたり、悲しんだりしてはダメだよ」と、怖がりのあなたを諭しているのです。

反対に、「もっと一緒に話したり出かけたりしたかったのに、なぜこんなに

あっけなく亡くなってしまったの」と思うくらい、スッと亡くなる場合もあります。それは、あなたのことを死を受け入れられる強い人だと信じてくれているからです。

死を迎えようとしているときに「がんばって」と言うと、特に親の場合は、がんばってしまいます。だって、かわいい子どものお願いなんですもの。

そのような場合、私は励ましの代わりに、「ありがとう」をたくさん伝えてあげてほしいと教えています。「いい思い出がたくさんできたね」「また必ず会えるよ」と。**亡くなった人が、迷わずに天国へ行けるように、たくさん感謝を伝えて、笑ってすごして安心させてあげてくださいね。**

天国の扉をちゃんと通れるように

よく、同じ場所で立て続けに事故が起きたりすると「何かに呼ばれたんだ」

と言いますよね。じつは呼ばれる人、呼ばれない人は、はっきりしているのです。特に、呼ばれない人はわかりやすいです。声が大きい人、明るい人、輝いている人、幸せそうな人。

では、呼ばれない人の反対の、声が小さい人や暗い人が呼ばれるのかというと、そうではありません。

ある場所で亡くなって浮遊霊となった人が、生前、会社の人を悪く言っていたとします。すると、その浮遊霊は、自分と同じように「会社の人を悪く言う人」を呼ぶのです。この人は仲間だ、と思うのですね。

浮遊霊という存在は、「不平や不満、愚痴、泣き言を言っていると、こうなってしまうよ」と、私たちに教えてくれるものです。ちゃんと天国に帰りたいなら、嫌なことばかり言っていてはダメなのですね。

天国の扉は、開いている時間はとても短いのだそうです。でも、素直に進めば挟まれたり閉め出されたりされずに、ちゃんと通れます。

扉をくぐるまで、ほんの少しの間黙っていれば天国へ行けるのに、生きているときに嫌なことばかり言っていた人は、そのわずかな時間も文句を言ってしまい、扉を通れなくなってしまうのです。**嫌なことを言うことが、心にしみついた癖になってしまっているからです。**だから、今のうちに少しずつ悪い癖を直して、天国の扉を通りそこねないようにしてくださいね。

親を助けてあげるとき、育ててもらったお礼をするとき

歳をとって、性格が変わってしまう人がいます。それは、過去の人生で経験してきたトラウマと関係している可能性があります。

たとえば、お金にすごく執着してしまうようになった人は、若いときにお金のことですごく苦労してきた反動が出てしまったのだと思います。今まで穏やかだった人が、怒鳴ったり嫌な言葉ばかりを言うようになったりすることもあります。それは、今までずっと、言いたいことを言わずに我慢し続けてきたか

らです。遊びに来てくれた子どもに「行かないで」「帰らないで」とすがる人は、今までずっとさびしかったのでしょう。

しかし、これらの行動は歳をとってそういうトラウマから解放されたんだ、言いたいことが言えるようになってよかった、ということではありません。

私が言いたいのは、高齢者のお世話や介護をしている人に、その人の症状は、**これまで経験してきたつらいことの裏返しだと知ってほしい、**ということです。

よく「もうおじいちゃんは何を言ってもわかんないから」と言う人がいますが、返事は返せなくても、魂ではちゃんとわかっています。その人が空に帰ったとき、「よくして

くれてありがとう」と感謝してもらえるように、愛をもって接してあげてください ね。

「親孝行がうまくできない」「何をすればいいかわからない」と、たびたび相談を受けることがあります。けれど、親孝行というのは旅行に連れて行ってあげようとか、何か大きなことをしようと考えなくていいのです。

一番の親孝行は、親を安心させてあげることです。それは、親が亡くなったあとでもしてあげられることです。「生んでくれてありがとう、今、私は幸せだよ」と空に向かって言ってあげると、その波動が届いて、立派な親孝行になります。あなたが笑顔でいること、輝いていること、幸せでいることが、一番の親孝行です。

それができたあと、簡単に安心させてあげる方法は、親にお小遣いをあげることです。1000円でも、2000円でもいいのです。親はそれで「親にお小遣いををあげられるくらい、豊かで幸せになったんだ」と安心できます。写真や手紙を送って幸せな様子を伝えるのも、素敵な親孝行です。

どんな親や家族でも、愛情をもつという勉強をさせてくれます。家族は愛情を学ぶ場所なのです。もしも嫌な親だなと思っているなら、その姿を反面教師にして、自分はこんな親になろうと、愛情を学ぶことができます。いい親だと思うなら、親からもらった愛情を、自分も周りにいっぱいあげようと思える。たくさんの愛の形が、家族の中にあります。

どんな親子でも、「この子の親になりたい」「この人の子どもになりたい」と天国で相談して親子になったんだと思います。だから、恥ずかしい、面倒などと思わず、ちゃんと親孝行してあげてください。

どちらに進んでも幸せになれる

「どっちでもいい」という言葉がありますよね。

「夕飯のメニュー？　そんなのどっちでもいいよ」のように、なげやりな意味で使われることもありますが、**本当の「どっちでもいい」は「どっちでも良い」という意味なのです。**

たとえば、右と左、どっちの道を行こうか迷ったとき、どちらの道を通っても運がいい人にはいいことしか起こりません。それに、本当に間違えているときには、必ず「そっちじゃないよ」と助けが入り、誰かが正解のほうへ導いてくれます。だから、「どっちでもいい」のです。

私たちがこの名前、この姿で生きられるのは、今世一回限りです。来世も同じ名前で同じ人生を生きたいと思っても、それは絶対にできません。だから天国で神様と相談して「こんな人生を送ろう」と決めて生まれてくるのです。自分で決めるのですから、悪い結末にしようなんて、絶対に考えませんよね。誰でも幸せに終われるように計画してきています。ですから、今つらかったり不安だったり悲しかったりしても、絶対に大丈夫です。安心して、幸せの道をしっかり見て歩んでください。

Epilogue

神様に愛される
すごい話

うちのお店は私の弟子や仲間がよく集まる場所でもあります
ワイワイ
たかつカウンセリングルーム
りえ先生こんにちは
みなさんこんにちは
群馬県の御心カウンセラーきみ花先生
きみ花先生カウンセリング1000人達成おめでとうございます！
ありがとうございます
開心先生もまだ大学生なのに100人以上カウンセリングして
すごいわ！
現役大学生御心カウンセラー開心先生

こんにちは今日はにぎやかだね
一人さん！いらっしゃい！
みんなりえちゃんのお弟子さんかい？
ワイワイ
りえちゃんも立派になったなあ前はあんなに弟子をとりたがらなかったのに
ありがとうございます
え、その話聞きたい！
りえ先生どうして弟子を取るようになったんですか？
え〜？
ふふふそれはね…

私は朝や夜など時間があるときにお祈りをします
そこで浮かんだイメージやフレーズが神様からのメッセージだと感じるのです
あるとき
弟子を取って人を幸せに導きなさい
という言葉が浮かびました
私が弟子を…？
そのときはいろいろと考えてしまって決断できず
そんなすごいこと、私にできるの…？まだ早いわ
神様ごめんなさい
神様のメッセージを無視してしまったんです
そんなある日──
りえちゃんちょっと話をしようか
？はい

話ってなんだろう…
私、なんかやらかした？怒られる？
ドキドキ
千葉県の香取神宮
弟子を取って人を幸せに導きなさい
う…香取様までそんなことを
聞こえないフリ
聞こえないフリ
じつは仕事やプライベートで伊勢神宮や四国のお遍路に行ったときにも
同じメッセージを受け取っていたのですがやっぱりそれも無視してしまっていました

…な なんですか？
…いいや よし 次行こう
りえちゃん さっき 香取神社でね
神様が「りえちゃんに弟子を取ってたくさんの人を幸せに導いてほしい」って言っているように感じたんだ
え…
だって 私が弟子を取るなんて まだ早いと思って…
神様ずるい～！ 一人さんを 介してまで メッセージを 伝えるなんて
私は りえちゃんなら できると思うけどな
……

次に来たのは銚子市の猿田神社
香取神宮〜猿田神社は私も一人さんもよく行く大好きなコースです
ここには迷ったとき背中を押してくれる猿田彦様がいるのよね
一人さんができるって言ってくれた…
今まで自分の感覚を頼りにやってきたことを、弟子にうまく伝えることができるのかな…
コツ

長い階段を上りきったとき目の前が開けたように感じました
私ひとりの手で助けられる人数には限界がある…
弟子を取って手伝ってもらえば何十倍、何百倍もの人を助けられるんだ！
そして…今までの迷いが全部吹っ切れたのです
一人さん私、決めました！
弟子取ってみます！
そうかりえちゃんなら大丈夫きっとできるよ
はい！
じゃあ猿田彦様にお礼を言っておいしいものでも食べに行こう

——というわけ
へえ～
今の私や私の弟子であるみんながここにいるのは一人さんや香取様、猿田彦様の導きのおかげなの
さすが一人さん！
俺も一人さんやりえ先生みたいになりたいなー！
いや、みんな今のままで完璧なんだから他人のマネをする必要なんてないよ
今の完璧な状態からさらに〝これができるようになりたい〟〝ここを直したい〟と思うなら
君たちは今よりももっとすごい人になれる
いつも前向きな人は絶対に神様に愛される君たちの笑顔が「生成発展」の源なんだよ
はい！

Epilogue
解説 8

他人を幸せにすることは自分を幸せにすること

マンガのお話のとおり、初めて神様に「弟子を取ってほしい」と言われているように感じたときは、どうしても従うことができませんでした。お弟子さんを取ることで、また嫌なうわさを流されたりしたら嫌だな、と思ったからです。今、幸せで平和な生活を送っているのに、それを崩すようなことをしたくないと思ったのです。

そんなときに伊勢神宮へお参りに行くと、ちょうど外宮の風宮様が新しいお宮にお引越しする前日でした。だから、その日は「今までみんなにいい風を吹かせてくれてありがとう」とお礼を言いました。

翌日、お客さんと一緒にお参りをすることになっていたのですが、私は待ちきれなくなって、朝早くに神宮に行きました。前日と同じように風宮様のお宮で「今日からみんなにいい風を吹かせてくれてありがとう」とお参りをすると、風宮様は「この話を聞いた人にいい風を吹かせて、幸せを届けよう」と言ってくださいました。

そのあと、お客さんと合流してもう一度お参りに行くと、お宮の前にロープが張られていて、お宮に入れなくなっていました。ロープの前に立っていたおじさんに「今日は誰も入れないよ」と言われて、ビックリしてしまいました。朝、普通に入ってお参りできたことを言うと、とても驚いたおじさんに「お姉さんは、神様にとても愛されているんだね」と言われ、思わず「私もそうだと思います！」と答えてしまいました。

じつは、そんな楽しいサプライズでもてなしてくださった風宮様にも「弟子を取ってほしい」と言われたように感じたのですが、それでも私はやっぱり聞き入れることができませんでした……。

そのあとに行った四国のお遍路では、いい人にも嫌な人にも会い、歩くのが大変な道も楽な道もありました。初めは軽い気持ちで行ったのですが、実際はひとつのお寺へ行くだけでも命がけでした。ですが、初めて会った人と話がはずんで、つらい道も楽しく進めました。車1台の幅しかない山道では、反対から来た車が、すれ違える場所まで山1個分もバックしてくれて、**日々の暮らしでもこうして周りの人に助けられているのだなあ**、と気づかされる旅になりました。

そうやって、伊勢神宮やお遍路でいろいろな経験して、東京に戻ってきたあとに、一人さんに誘われて香取神宮や猿田神社に行くことになりました。ここからはマンガのとおりです。

猿田神社で祀《まつ》られている猿田彦様は、一歩背中を押して、開運の道を開いてくれる神様です。しかも、ただ開くのではなくて、ずっとその道を開き

弟子を取って
手伝ってもらえば
何十倍、何百倍もの人を
助けられるんだ!
そして…
今までの迷いが
全部吹っ切れたのです

続けていてくれます。猿田様にお参りすると、物事がとんとん拍子に進むようになります。

その猿田神社にお参りしたおかげで、お弟子さんを取ってより多くの人を幸せにしたい、と心から思えるようになったのです。

今では４００人以上のお弟子さんが全国で、御心カウンセラーとしてがんばってくれています。毎日たくさんの体験談が届くようになり、私は毎晩、それをじっくりと読んで、幸せだなあと思いながら一日を終えています。

自分が変われば、相手の欠点がそのままでも気にならなくなる

よくカウンセリングに来てくれる男性のお客さんで、いつもお花を買ってきてくれる人がいます。その人に「たまには奥さんにも、お花を買って帰ってあげてくださいね」と言うと、「先生にはお世話になっているから買うけど、妻

に買う理由はないと思う」と答えたのです。

ですが、彼が一番お世話になっているのは間違いなく奥さんです。毎日ご飯をつくってくれて、服だって奥さんが洗濯やアイロンをしてくれたものを着ているのですから。

その人は私に言われ、しぶしぶお花を買って帰りました。急にお花を買ってきた彼を見て、奥さんが最初に言ったのは、お礼や驚きの言葉ではなく「りえ先生のところに行ったんでしょう」だったそうです（笑）。私に言われてやったことだと、瞬時に見抜かれてしまったのですね。

その男性には、「きっとお礼は言ってもらえないと思いますよ」と言ってありました。だって、彼も始めは「妻にプレゼントなんて」と思っていたのです。奥さんが「旦那が私にプレゼントォ？」と思うのは当然のことです。

誰かに言われて贈ったプレゼントだと、最初はあげる本人もうまく心を込められないかもしれません。でもお礼を言ってもらえなかったり、逆に嫌味を言われたりしても、やり続けてください。そのうち、心から相手に贈り物をあげたくなりますし、相手からも、とびきりの笑顔がもらえるでしょう。

それからもその男性は、ときどきお花やケーキを奥さんに買ってあげるようになって、花屋さんやケーキ屋さんで「日頃の感謝を込めてプレゼントなんて、とっても素敵ですね！」と言われると、今度は普段から身だしなみに気を遣うようになりました。すると、仕事までとんとん拍子にうまくいくようになったのです。

今でも奥さんに嫌味や文句を言われることもあるそうですが、プレゼントを買ったり、お互いに「ありがとう」と言う機会が増えたりして、毎日が楽しくなったといいます。

自分が変えられるのは自分だけで、神様が変えてほしいと思っているのも、その人自身です。プレゼントは、無理に相手を変えようとするよりも楽しく、自分が簡単に幸せになれる方法なのです。

幸せになることをためらわないで

私はカウンセリングで「私は幸せになっていいのでしょうか」と相談を受けることがあります。もし、あなたがそう思うことがあるなら、**神様の代わりに「幸せになっていいよ」と、自分に言い聞かせてください。**自分の心が満たされるまで、くり返し言ってあげてください。

私も、そうやって幸せや豊かさを手に入れてきました。最近は忙しい日が多いので、「ゆっくり休んでいいんだよ」と言ってあげています。「疲れた……。温泉に行きたい〜」と思うときは、「今度、温泉に連れて行ってあげるね」と自分に語りかけるだけで体が癒されます。

外国に行きたいなら、旅行のパンフレットを見てその国を満喫する自分を想像したり、レストランでその国の料理を楽しんだりしてみてください。疲れたときは日課をお休みして、少し早くお布団に入りましょう。

そうやって自分に優しくしてあげたり、自分がすごす場所をきれいにしたり、「幸せになっていいよ」と自分に許可を出してあげたりすると、いろいろなものが見えてくるようになります。

何かに嘆いている人がいたら、嘆くよりも自分に何ができるかを考えてください。彼氏が構ってくれないと嘆いても、彼氏が構ってくれない現実は変わりません。旦那さんが何もしてくれないと嘆いても、旦那さんが突然家事を手伝ってくれるようになるはずがありません。

それなら、彼氏と会わない間に自分を磨いてみる、部屋をきれいにしてみる。旦那さんが仕事ばかりしている間に、習い事をしてみる……。そうやって、自分にできることは何かな、と考えるようにすると、意識が明るいほうへ向かうようになります。そうすれば、どんなことが起きても、明るく対処ができます。すべては自分の心がけ次第なのです。悲しみや不運にとらわれて、そばにある幸せを見落としてしまわないでください。あなたが求める幸せは、いつでもあなたのそばにあるはずなのですから。

おわりに

幸せになる人とそうでない人の違いは、身の回りにあふれている幸せを、どれだけたくさん見つけられるかということです。

「怒ったり嫌な顔をしたりせずに生きるのは、むずかしい」と思う人は、このマンガの一人さんの言葉を思い出してください。歴史も人生も、だんだんよくなっていくと知っていれば、目先の不安や心配事に振り回されなくなります。

神様は、特別な力をもつ人ではなく、日々を笑顔ですごし、困っている人に手を差しのべ、当たり前のことを当たり前に行える人を愛してくれます。

本書を読んだみなさんが、神様に愛され、幸福に包まれた日々をすごしていけるよう、心から祈っています。

２０１６年12月

高津りえ

斎藤一人さんの公式ブログ　http://saitou-hitori.jugem.jp

ひとりさんが毎日あなたのために、ついてる言葉を、日替わりで載せてくれています。ぜひ、遊びにきてください。

ひとりさんがオススメのブログ

◆高津りえ先生ブログ	http://blog.rie-hikari.com/
◆柴村恵美子さんブログ	http://s.ameblo.jp/tuiteru-emiko/
◆舛岡はなゑさんブログ	http://s.ameblo.jp/tsuki-4978/
◆みっちゃん先生ブログ	http://mitchansensei.jugem.jp
◆宮本真由美さんブログ	http://s.ameblo.jp/mm4900/
◆千葉純一さんブログ	http://s.ameblo.jp/chiba4900/
◆遠藤忠夫さんブログ	http://s.ameblo.jp/ukon-azuki
◆宇野信行さんブログ	http://ameblo.jp/nobuyuki4499/
◆おがちゃんブログ	http://s.ameblo.jp/mukarayu-ogata/

４９《よく》なる参りのすすめ

４９《よく》なる参りとは、指定した４カ所を９回お参りすることです。
※お参りできる時間は朝10時から夕方５時まで

- **１カ所目……ひとりさんファンクラブ　五社参り**
- **２カ所目……たかつりえカウンセリングルーム　千手観音参り**
- **３カ所目……オフィスはなゑ　七福神参り**
- **４カ所目……新小岩香取神社と玉垣参り（玉垣とは神社のまわりの垣のことです）**

ひとりさんファンクラブで４９なる参りのカードと地図を無料でもらえます。お参りすると１カ所につきハンコ（無料）をひとつ押してもらえます。
※新小岩香取神社ではハンコはご用意していませんので、お参りが終わったらひとりさんファンクラブでひとりのハンコを押してもらってくださいね‼

【ひとりさんファンクラブ】
住所：東京都葛飾区新小岩1-54-5 1F（JR新小岩駅南口からアーケード街へ歩いて約３分）
電話：03-3654-4949　　営業時間：朝10時から夜７時まで。年中無休。

斎藤一人生成発展塾　高津りえ校　塾生募集!!

生成発展塾の塾生を募集することになりました。
基本的に通信教育ですから、日本中どこからでも受けられます。

週に一度問題が配信され、それに対して仲間の答えが聞けたり、自分も考えたり、週の終りにはりえ先生の答えやひとりさんの答えが聞けます。

子供から大人までみんなで楽しみながら知恵と魂を向上させていけるという塾です。高津りえ校では、毎月対面授業（スピリチュアル講演）もやっていますので、とにかく楽しいのでぜひ受けてみてください（参加自由、１回5400円）。

詳しくは、スタッフまでお問い合わせください。

●お問い合わせ先：03-3651-7193　　●通信授業　月謝：10,800円

※上記は、2016年９月現在の情報です

〔著者紹介〕
高津　りえ（たかつ　りえ）
スピリチュアル・カウンセラー。福島県生まれ。幼少期より不思議な体験をくり返す。24歳のとき、斎藤一人さんの会社のお店の特約店の仕事を始め、以来、一人さんを師と仰ぐ。2004年より、スピリチュアル・カウンセラーとしての活動を本格的にスタートさせ、多くの人を励まし続けている。著書多数。
近著に『「イヤなこと」を「いいこと」に変えてくれる本』（サンマーク出版）、『いいことがいっぱい起こる　幸せみがきの法則』（KADOKAWA）がある。斎藤ひとり生成発展塾高津りえ校開校。御心カウンセラー・スピリチュアルカウンセラー養成。

●ホームページ
PC　http://hikari-rie.com/
携帯　http://hikari-rie.com/k/
高津りえブログ　http://blog.rie-hikari.com/

●たかつりえカウンセリングルーム
電話：03-3651-7193
〒132-0031　東京都江戸川区松島3-13-11

斎藤一人　マンガでわかる神様に愛されるすごい話

2016年12月15日　第1刷発行

著　者　高津　りえ（たかつ　りえ）
発行者　川金　正法

発　行　株式会社KADOKAWA
〒102-8177　東京都千代田区富士見2-13-3
0570-002-301（カスタマーサポート・ナビダイヤル）
受付時間 9:00～17:00（土日 祝日 年末年始を除く）
http://www.kadokawa.co.jp/

落丁・乱丁本はご面倒でも、下記KADOKAWA読者係にお送りください。

送料は小社負担でお取り替えいたします。

古書店で購入したものについては、お取り替えできません。

電話049-259-1100（9：00～17：00／土日、祝日、年末年始を除く）

〒354-0041　埼玉県入間郡三芳町藤久保550-1

印刷所・製本所／廣済堂

ISBN978-4-04-601795-6　C0076